ÉTUDES
DE DROIT PUBLIC.

ÉTUDES

DE DROIT PUBLIC.

STRASBOURG, de l'impr. de F. G. Levrault.

ÉTUDES

DE DROIT PUBLIC,

PAR

G. F. SCHÜTZENBERGER,

DOCTEUR EN DROIT.

PARIS,

Chez F. G. Levrault, libraire, rue de la Harpe, n.° 81.

STRASBOURG,

Même maison, rue des Juifs, n.° 33.

1837.

PROLÉGOMÈNES.

PREMIÈRE PARTIE :

DE LA NATURE DU DROIT.

AVANT-PROPOS.

———

Dans un âge où l'on ne calcule guère ses forces, nous avions conçu le projet d'étudier les rapports qui rattachent le Droit à la philosophie et à l'histoire; avec la foi naïve de l'enthousiasme nous nous étions promis de consacrer notre avenir à ce vaste travail : il n'en a pas été ainsi. Les exigences de la vie positive et les sacrifices qu'elle impose, ne nous ont permis que des études fragmentaires, poursuivies toutefois avec quelque persévérance au milieu des occupations variées d'une carrière pratique. Cédant au désir de donner de l'unité aux résultats de notre travail, nous avons écrit les prolégomènes dont nous publions la première partie : elle traite de la nature du Droit.

Nous exposerons dans la seconde partie nos idées sur la nature de l'État et la réalisation historique des formes du Droit et de l'État. C'est dans ce cadre que nous entendons restreindre les généralités philosophiques de la science du Droit, pour aborder ensuite avec une entière liberté d'esprit les études de son développement historique.

DE LA
NATURE DU DROIT.

INTRODUCTION.

S'IL est vrai que la science est un langage bien fait, ceux qui s'en occupent doivent avant tout chercher à se rendre compte de la valeur des expressions dont ils se servent pour en désigner l'objet et les principes. Ils auront soin de déterminer d'une manière précise le sens des mots qui résument des idées générales. C'est seulement à l'aide de cette précaution qu'ils pourront acquérir une intelligence nette de la matière qu'ils se proposent de connaître. C'est du moins la voie la plus sûre pour éviter la confusion des

1

idées, qui naît inévitablement de celle du langage.

Cette observation s'applique d'une manière toute spéciale à la matière que nous traitons. Il est peu d'expressions auxquelles l'usage ait prêté une signification plus variée qu'au mot *droit*. Pour s'en convaincre, il suffit de rappeler quelques phrases usuelles dans lesquelles ce mot est reproduit dans des acceptions différentes. « Avoir le droit de faire une chose, étudier le droit, le Droit romain, etc.; » toutes ces locutions reproduisent la même expression dans un sens différent. Elle signifie tour à tour une faculté d'agir, la science des rapports obligatoires, les lois positives ou le code d'une nation. On ne peut attribuer à la pauvreté d'un idiome particulier cette triple acception du mot *droit*, puisqu'elle se

retrouve dans les langues latine, alle-
mande, française, et dans toutes celles
qui sont d'origine romane; il faut plutôt en rechercher la cause dans la relation intime qui lie les différentes idées
désignées par le même mot. Leur enchaînement, leur subordination, auront sans
doute déterminé des acceptions différentes, il est vrai, mais dépendantes l'une
de l'autre. L'analyse de chacune de ces
significations nous en fournira la preuve.

Du droit considéré comme une faculté d'agir.

Une faculté d'agir suppose dans celui auquel on l'attribue, le pouvoir de faire ou de ne pas faire les choses qui en forment l'objet. L'idée de faculté implique celle de liberté d'action : l'une ne se conçoit pas sans l'autre.

Les lois physiques agissent avec une puissance aveugle; le résultat de leur action s'appelle nécessité. Un effet sur lequel la volonté n'exerce aucune action, ne peut donc jamais être un droit dans le sens d'une faculté d'agir. C'est abusivement que les nécessités qui résultent de l'organisation physique de l'homme, ont été considérées comme des droits : ce sont des faits qui ne se transforment en droit qu'en parvenant à s'affranchir de ce joug par la prédominance du libre vouloir. Cujace, en commentant l'ancienne définition du droit de nature, a fort bien senti la difficulté qu'elle présentait. Il s'en est tiré par l'observation suivante : *Jus in bruta non cadit, nam nec injuria cadit, denique ut rationis sint expertia et quæ faciunt, incitatione naturali faciunt.... ea si homines faciunt, jure naturali faciunt.*

Si le droit suppose la liberté d'action, il devient impossible d'admettre un droit de nécessité ou un *Nothrecht*, comme les philosophes allemands l'ont appelé. Les situations au sein desquelles un pareil droit s'exerce, anéantissant toute liberté physique, ce prétendu droit n'est plus qu'une série de faits, et de faits déplorables, qui attestent avec quelle sauvage énergie l'instinct de la conservation annulle toutes les facultés morales.

L'absence de toute nécessité matérielle, la liberté d'action, la possibilité physique de faire ou de ne pas faire, seront la première, mais non l'unique condition du droit. Une nécessité morale plane pour ainsi dire au-dessus de cette liberté purement matérielle, et c'est par son influence que cette dernière se transforme en droit. C'est la faculté d'agir, réglée, déterminée par un pouvoir moral, supérieur de sa nature au vouloir individuel, qui constitue le droit.

On jouit d'un droit, parce qu'il a été permis, parce qu'il n'a pas été défendu d'en jouir; dès qu'il est question d'un droit, l'individu et ses actions se conçoivent mis en rapport avec un pouvoir qui a permis, qui a défendu, qui a ordonné. Il s'y joint l'idée d'une nécessité morale qui oblige à se conformer aux ordres de ce pouvoir, sous peine de commettre des actions qui sont contraires au droit, c'est-à-dire des actions défendues.

Les opinions que chacun se forme sur la nature de son droit, comme sur le droit d'autrui, doivent être les mêmes : elles ne sauraient varier d'individu à individu, car à la faculté d'agir de l'un répond l'obligation de l'autre. Chaque droit a pour corollaire une obligation.

Il n'y a de rapport juridique possible que lorsque l'efficacité des facultés d'agir se trouve garantie par une communauté d'opinion sur la nature, l'étendue et la durée des droits et des obligations (chacun doit connaître d'une manière positive ce qui est ordonné, ce qui est permis, ce qui est défendu); mais cette identité d'opinion ne peut jamais résulter du conflit des idées individuelles, et lors même que l'on supposerait dans l'intelligence de tous les hommes une seule et même loi morale, on serait encore admis à demander si l'intérêt ou la passion ne se sont point chargés de son interprétation ou de son application.

Il faut reconnaître comme point de départ que le droit repose sur une base positive, authentique, sur un commandement (auquel toutes les volontés sont obligées de se soumettre) dont l'autorité ne saurait être contestée par les volontés individuelles; en un mot, sur des règles générales et obligatoires, connues ou censées connues de ceux dont elles régissent les actions.

La loi sera donc la seconde condition du droit.

C'est la loi qui crée cette nécessité morale que l'on ne saurait enfreindre sans agir contrairement au droit; c'est elle qui règle les facultés d'agir et détermine les obligations qui leur correspondent; sans elle la liberté d'action, abandonnée au jugement de chaque individu, aurait pour conséquence inévitable le choc de tous les intérêts et de toutes les passions; il en résulterait un perpétuel état de guerre, et la force deviendrait la mesure du droit. Le droit du plus fort est un non-sens, un accouplement d'expressions qui se détruisent l'une l'autre; car dans l'obligation imposée par la force il n'y a plus de nécessité morale, mais une nécessité purement matérielle.

La force, nous le verrons plus tard, ne peut jamais être considérée comme la source des lois ou le fondement des droits qui en dérivent.

L'idée d'un droit, enfin, implique celle d'une contrainte possible, qui doit en assurer l'efficacité, c'est-à-dire l'exécution des obligations qui lui correspondent. Une loi dépourvue de sanction n'est plus une loi ; or, cette sanction indispensable manquerait totalement, si les facultés d'agir, si l'ordre, la défense ou la permission, contenus dans la disposition de la loi, dépendaient du bon plaisir de ceux qu'elle concerne.

Ainsi, la possibilité de contraindre au respect du droit est la troisième condition de son existence.

Il y a donc une première différence essentielle entre les devoirs imposés par la loi morale et les obligations qui correspondent à un droit. Cette différence est fondée sur celle de leur origine.

Les devoirs reposent en définitive sur

l'idée toute individuelle que chacun s'en est formée.

La moralité des actions n'est autre chose que leur conformité avec l'idée du devoir. Hormis Dieu et nous-mêmes, personne ne peut être reconnu comme juge compétent de notre moralité ; car les actions extérieures ne fournissant aucune mesure certaine du rapport dans lequel elles se trouvent avec leurs motifs, tout se passe et se renferme dans le for intérieur.

La loi morale est sans doute la même pour tous, mais le développement intellectuel variant d'individu à individu, tous les hommes ne parviennent pas à une intelligence égale de cette loi. L'uniformité même de la loi morale n'empêche point que chacun ne puisse en faire une application différente aux circonstances particulières dans lesquelles il se trouve placé ;

de là naîtront, sur la nature des devoirs, des opinions divergentes, qui conserveront toujours cette puissante empreinte d'individualité, conséquence de leur origine.

Quant aux obligations, rien de semblable ne s'y rencontre : elles sont déterminées d'une manière uniforme et certaine par la loi positive; les difficultés qu'elles peuvent soulever sont tout au plus des difficultés d'interprétation ; la légalité fondée sur la conformité des actions à la loi, appartient au for extérieur et se trouve soumise à une mesure que chacun peut appliquer. Même dans un état de civilisation fort avancée, il n'est pas impossible d'acquérir une connaissance suffisante de la loi pour y conformer ses actions. Les rapports sociaux et obligatoires s'y compliquent, il est vrai, de plus en plus :

de nouveaux intérêts se forment, et leur conflit présente à chaque pas des difficultés sérieuses qui exigent une connaissance approfondie des lois faites pour régir des rapports aussi variés. Mais d'un autre côté le développement individuel, intimement lié à la position sociale, suit une progression analogue; au bas de l'échelle, où l'éducation est en général fort limitée, les rapports sont également simples et restreints; plus on s'élève et plus les rapports se compliquent, plus vous verrez l'éducation suivre une marche ascendante, et à défaut d'éducation, la fortune suppléera par ses nombreuses ressources, dans toutes les positions difficiles où l'on aurait besoin d'assistance ou de conseil.

Il existe une seconde différence non moins importante entre les devoirs et les obligations. Celle-ci est fondée sur la na-

ture de leur sanction respective. L'exécution des obligations imposées par la
loi positive peut être exigée par voie de
contrainte; un pouvoir analogue à celui
qui imprime l'autorité à la loi assure
l'efficacité du droit; tandis que nous ne
répondons qu'à Dieu et à notre conscience de l'accomplissement des devoirs.
Les *obligations parfaites* et *imparfaites,*
comme on a fort improprement appelé
les obligations juridiques et les devoirs,
ne se distinguent entre elles par aucun
autre caractère. Ce n'est ni l'importance,
ni la valeur intrinsèque des unes ou des
autres, mais une circonstance tout extérieure, qui leur a valu ces dénominations
équivoques et vicieuses.

Le droit peut être défini une faculté
d'agir déterminée par la loi et garantie
par un pouvoir qui en assure l'efficacité.

L'idée de droit, considérée sous ce point de vue, est une idée complexe, renfermant plusieurs conditions essentielles : la liberté physique des actions, la loi, la nécessité morale de respecter les rapports fondés par la loi, enfin, une contrainte extérieure qui en garantit l'exécution.

Du droit comme synonyme de la loi, et de la science des lois.

« Les lois, dans leur signification la plus
« étendue, sont les rapports nécessaires
« qui dérivent de la nature des choses,
« et dans ce sens tous les êtres ont leurs
« lois : la divinité a ses lois, le monde
« matériel a ses lois, les intelligences su-
« périeures ont leurs lois, l'homme a ses
« lois.[1] » Dans ce sens, tout ce qui entraîne avec soi une nécessité, peut être considéré

[1] Montesquieu.

comme une loi. De la nature de cette nécessité dépendra la nature de la loi.

Lorsque le rapport nécessaire dérive de la nature des forces physiques, la loi s'appelle une loi physique; la nécessité qu'elle entraîne avec elle est une nécessité de même nature. Elle est invariable comme les forces dont elle exprime le rapport, elle dure aussi longtemps que ces forces existent (et se trouvent en rapport les unes avec les autres), « *chaque diversité est uniformité, chaque changement est constance.* » L'homme n'a point fait ces lois; comme être physique il leur est soumis, sa volonté ne peut ni les modifier ni les anéantir; le principe même de leur action lui est inconnu; il n'en a connaissance que par leurs effets, et ces effets dans les mêmes circonstances étant toujours les mêmes, il remonte, en vertu de la loi de la causalité, des effets à la cause, et c'est cette cause qu'il a appelée la loi.

Ces lois existent-elles de toute éternité? est-ce le hasard qui les a créées? est-ce une intelligence infinie, éternelle, qui les a tirées du néant, pour en faire une manifestation continue de sa puissance et de sa sagesse? est-ce Dieu qui se révèle dans les créations dont les merveilles nous frappent, nous qui en faisons une partie intégrante? Dieu et l'univers sont-ils un? ou se trouvent-ils dans le rapport que nous appelons dans notre langage borné âme et corps, matière et intelligence? Telles sont les questions que la raison humaine s'est posées du moment où elle a réfléchi sur le monde extérieur, et les solutions que l'histoire de la philosophie nous a conservées comme autant de monuments de la grandeur et de la faiblesse de l'intelligence humaine, sont aussi contradictoires que variées.

A voir les génies les plus puissants échouer l'un après l'autre dans cette entreprise ardue, et tenter en vain de soulever le voile mystérieux, il est permis de penser que la tâche est au-dessus de nos forces. C'est ici que commence le domaine de la religion et du dogme ; la philosophie s'arrête sur ses confins et cède le pas à la foi.

Lorsque le rapport nécessaire dérive de la nature des facultés intellectuelles, la loi s'appelle une loi morale, et la nécessité qu'elle entraîne avec elle est une nécessité morale.

L'on a élevé des doutes sur l'existence de la loi morale, par la raison que ses effets ne se manifestent point dans les actions avec l'impérieuse nécessité, qui

lie les phénomènes aux lois physiques
qui les régissent. Le fait qui a servi de
base à ce raisonnement n'est pas à contester. L'on ne retrouve point dans le
monde moral l'admirable régularité qui
frappe dans le monde physique. Le rapport dans lequel se trouvent les actions
et la loi morale est fort différent de celui
qui s'établit avec une invariable constance entre la loi physique et ses effets.

Il n'y a rien là qui doive nous étonner;
les rapports qui dérivent de la loi morale
renferment un élément tout à fait étranger
aux rapports purement physiques; or, en
jugeant les phénomènes du monde moral
d'après les principes à l'aide desquels on
est arrivé à l'appréciation des rapports
physiques, l'on arrive à la négation des
lois morales par la raison même qu'on a
prétendu en démontrer l'existence à l'aide

de faits qui sont souvent en opposition avec la nature de ces lois.

La liberté est un élément essentiel dans tout rapport moral, et ce qui constitue les lois *morales*, c'est précisément cette liberté laissée à chacun d'y conformer ou de n'y pas conformer ses actions.

La volonté domine dans le monde moral, tandis qu'une nécessité aveugle, au moins dans ses effets, imprime son cachet à tous les phénomènes du monde matériel. Il n'est donc pas étonnant que les actions répondent si rarement à la loi qui devrait les régir; c'est une conséquence de l'imperfection de la nature humaine, mais c'est en même temps la condition de sa dignité morale.

L'homme peut méconnaître la loi morale; il peut descendre à une condition plus déplorable que celle de la brute, mais il peut aussi s'élever à la liberté, en conformant, par un acte spontané de sa volonté, ses actions aux lois que son intelligence lui impose.

On ne peut donc comparer à une nécessité physique la nécessité qu'entraînent les lois morales : celle-ci résulte de la force métaphysique inhérente à la vérité ; de l'impossibilité de se convaincre soi-même de la moralité d'une action qui se trouve en contradiction avec la loi morale. Il n'est pas de sophisme qui ne vienne se briser devant la conscience que nous avons du rapport entre ce qui est et ce qui doit être.

L'homme, dans ses aberrations les plus monstrueuses, ne parvient jamais à la destruction complète de son intelligence, ni à la négation absolue des lois qui doivent diriger ses actions et l'élever à la dignité d'un être vraiment libre, c'est-à-dire d'un être qui ne veut jamais que ce qu'il doit vouloir.

L'existence de la loi morale est un fait; nous savons qu'un fait existe, parce que nous en avons conscience. Les sens nous donnent la connaissance des faits matériels : ils en portent l'image dans notre sensorium, et l'entendement en abstrait les idées générales.

Nous croyons aux choses extérieures, parce que nous croyons à nos sens. Du reste, il est évident que nous ne saurons jamais ce que les choses extérieures sont en elles-mêmes, et la connaissance que nous en acquérons n'est autre que celle du rapport dans lequel elles se trouvent avec nos sens.

Nous arrivons par une voie différente à la connaissance des faits qui appartiennent à l'ordre moral. Ces faits ne se passant point au-dehors de nous, et les modifications qu'ils produisent en nous n'étant point l'effet d'un objet extérieur, il est impossible d'en attribuer *la cause* soit à nos sens, soit aux affections qu'elles transmettent à la conscience que nous avons des différentes modifications que les choses matérielles opèrent en nous.

Les sensations servent de matière au raisonnement; car l'entendement les compare, les juge, en tire des conséquences. Mais la conscience que nous avons de ces diverses opérations et des lois qui les régissent, est elle-même indépendante des sensations.

La chaîne des rapports dans lesquels l'intelligence se trouve avec le monde des sens, sera totalement rompue, toutes les fois que la matière même sur laquelle

elle opère n'est point le produit des sensations.

Or, la loi morale qui renferme la règle absolue des actions de tout être intelligent et libre, ne saurait être considérée comme le résultat des comparaisons des diverses sensations entre elles; car ces dernières nous font connaître ce qui est, jamais ce qui doit être.

La loi morale, au contraire, doit renfermer la mesure des actions : cette mesure doit être indépendante des données de l'expérience, elle doit même être antérieure à l'expérience, qui ne conduit jamais à la science de ce qui doit être.

Il faut donc reconnaître à l'intelligence la faculté de se replier sur elle-même et de contempler, comme dans un miroir fidèle, les lois constitutives de son essence et les phénomènes qui se passent dans les profondeurs de son être. C'est à cette puissance intuitive que nous devons sans doute la connaissance de la loi morale.

La certitude que nous avons d'un fait matériel est fondée sur la conscience que nous inspirent nos sens; la certitude que nous avons d'un fait purement intellectuel est fondée sur la foi dans la conscience que l'intelligence a d'elle-même et de ses propres lois. L'on ne saurait pas plus démontrer à un aveugle l'existence des couleurs, que la loi morale à une intelligence assez peu développée pour en nier sérieusement l'existence.

Cette puissance intuitive de l'intelligence est l'unique source des vérités absolues et indépendantes des sens. Il n'y a que deux moyens pour arriver à la connaissance: l'observation des faits qui sont en dehors de nous et l'intuition des faits qui se passent en nous. Il existera une différence essentielle entre les vérités puisées à l'une ou à l'autre des sources que nous venons d'indiquer : les premières ne sont que des abstractions d'une valeur relative à celle de l'expérience qui en a fait les frais ; les secondes ont un caractère d'*intellectualité* pure, et leur essence s'identifie, pour ainsi dire, avec celle de l'intelligence.

Toute idée absolue est simple et générale de sa nature, et la loi morale, en tant qu'elle participe à ce caractère, doit être bornée à des principes généraux, auxquels tout être intelligent et libre conforme de toute nécessité ses actions.

La loi morale diffère donc essentiellement des préceptes de morale ; car ceux-ci sont des règles qui en déterminent l'application à des circonstances données. L'une se trouve avec les autres dans le rapport d'une cause à un effet déterminé par le concours d'une infinité d'autres causes encore.

Les hommes sont sans doute des êtres doués de liberté et d'intelligence ; mais ils sont encore autre chose, et les rapports dans lesquels ils peuvent se trouver les uns à l'égard des autres, sont soumis à une infinité d'autres conditions, qui ne dérivent nullement des deux caractères auxquels la loi morale s'applique essentiellement.

La juste application de la loi morale dépendra donc de l'appréciation de toutes ces circonstances. Or, les préceptes de morale n'étant autre chose que cette application dont nous parlons, il est évident qu'ils perdront ce caractère primitif et absolu que nous avons reconnu à la loi morale. C'est là le sort inévitable de toute idée absolue aux prises avec la réalité des faits : elle cherche bien à les soumettre à sa puissance ; mais dans cette lutte elle paye son tribut à la matière et perd en transcendance ce qu'elle gagne en utilité pratique. Les eaux, découlant d'une source pure, entraînent parfois dans leur cours des matières étrangères, qui en troublent la limpidité originelle.

Peu d'hommes arrivent à la connaissance des idées absolues par la voie transcendante de la réflexion : les uns manquent du loisir que réclame la vie spéculative ; les autres sont dépourvus d'énergie intellectuelle et de cette impulsion instinctive qui entraîne les âmes privilégiées dans les hautes régions de la spéculation.

En réalité, c'est par l'éducation que

nous arrivons la plupart du temps à connaître et à respecter les applications pratiques de la loi morale. Les soins paternels, l'enseignement public, les conseils des amis, les commandements de la religion, tout concourt à graver profondément dans les âmes jeunes et impressionnables les préceptes de morale, qui leur parviennent ainsi tout formulés dans quelque proverbe populaire, sous l'emblème naïf d'une fable, comme le conseil de l'affection, ou comme le commandement grave et solennel de la divinité.

L'élément dogmatique et traditionnel devra donc naturellement prédominer dans les idées que la plupart des hommes se forment de leurs devoirs; et il est heureux qu'il en soit ainsi. A combien de méprises, à combien de fautes n'ont-ils pas échappé, ceux qui sur le seuil même de la vie, au sein de leur famille, ont eu le bonheur de recueillir les préceptes du devoir !

Si tout homme, pour arriver à la connaissance de quelques vérités, avait à traverser, pour son propre compte, la longue carrière des erreurs que l'humanité a parcourue, les progrès des intelligences les plus fortes, des volontés les plus énergiques, seraient insensibles et demeureraient encore sans résultat. Le point de départ étant toujours le même pour chacun, le but auquel les plus grands efforts pourraient conduire, serait facile à déterminer à l'avance.

L'éducation (et par cette expression nous désignons tous les moyens traditionnels) supplée à la courte durée de la vie; elle transmet à l'individu l'héritage intellectuel des générations qui ne sont plus, et fait coïncider le point de départ des esprits les mieux doués avec le point d'arrêt des esprits les plus avancés.

Cette transmission, cependant, ne s'opère qu'à l'aide d'un travail d'autant plus intense que la somme des connaissances se trouvera plus considérable. Il ne suffit pas même d'en entasser le dépôt dans la mémoire, à l'exemple de tant de savants qui, selon l'expression de Faust, fouillent la terre pour trouver des trésors, et se contentent de quelque misérable vermisseau.[1]

Pour s'approprier l'antique héritage de la civilisation, il faut avoir vécu de la vie du passé comme il faut vivre de la vie du présent; il faut reconstruire l'édifice scientifique et intellectuel, dont

---

1 *Der stets nach Schätzen gräbt, und froh ist*
Wenn er Regenwürmer findet.

les matériaux seuls nous sont livrés, et s'assimiler toutes les vérités par un nouvel acte de génération intellectuelle. Le progrès n'est qu'à ce prix; c'est là le travail vivifiant, qui laisse si loin derrière lui l'érudition infertile et morte.

Ce que l'éducation est à l'individu, la tradition le sera pour le corps d'une nation.

Il n'est point de civilisation qui ne porte l'empreinte indélébile de l'influence traditionnelle. Pour s'en convaincre, il suffira de rappeler les principaux éléments de la civilisation moderne. L'orient par la Bible, le christianisme par les évangiles, le platonisme par les pères de l'Église, la philosophie d'Aristote dans les écrivains scolastiques, le Droit des Romains, leurs institutions administratives et municipales, la littérature et les arts

des anciens depuis la renaissance, la
science et la poésie des Arabes, par
suite de leur domination en Espagne,
les mœurs et les habitudes du nord
dans le développement des coutumes ger-
maniques; tous ces éléments recueillis et
combinés dans des proportions diverses
par les races conquérantes et les races
vaincues, ont concouru à la civilisation
des peuples modernes. Les préceptes de
morale, qui en forment une branche importante, ont subi ces influences comme
le reste des connaissances humaines. Comment en serait-il autrement, puisque ces
préceptes ne sont que l'application successive et traditionnelle des principes absolus que renferme la loi morale?

Toutes les causes qui influent sur le
développement physique et moral des
nations, agissent également sur les opi-

nions que ces peuples se forment de leurs rapports et de leurs devoirs. Le climat, la manière de vivre, les souvenirs historiques, les préjugés nationaux, la forme du gouvernement, les dogmes religieux, amènent des modifications d'autant plus grandes dans l'idée des devoirs, que ces éléments de civilisation varient davantage entre eux.

L'on a argué, bien à tort, de la diversité des préceptes de morale, qu'il n'existait point de loi morale absolue. L'on n'a point songé que la cause qui amène la diversité n'agit jamais seule, tandis que la base unique de ses applications les plus variées se retrouve toujours dans la loi morale elle-même.

Est-il une nation chez laquelle la mauvaise foi dans les engagements soit érigée en principe? en est-il une qui ait mé-

connu le principe fondamental de la moralité des actions au point de prétendre
qu'il ne fallait point les conformer à l'idée
qu'on s'est formée du devoir ?

Le double caractère d'unité et de diversité que l'on remarque à la fois dans les
préceptes de la morale, doit être ramené
à deux causes de nature différente : d'une
part à la loi morale absolue, qui fonde
l'unité; d'autre part à l'élément historique et traditionnel, qui imprime son
cachet d'individualité aux applications
de la loi.

Le dogme moral, quelque imparfait
qu'il puisse être, donne une nouvelle
sanction aux rapports moraux. Il substitue à l'opinion individuelle une opinion
sociale, et cette dernière agit avec une
puissance et une autorité dont la première
est presque toujours dépourvue.

Du moment où les préceptes de morale se trouvent assez généralement admis pour pouvoir être assimilés à un dogme, ils participent à l'une des conditions du droit, et le dogme régit les rapports moraux avec une certitude analogue à celle d'une loi positive, promulguée et reconnue.

Ce progrès, car c'en est un, se rattache presque toujours à l'époque où la nationalité d'un peuple a développé les formes positives de sa constitution; les préceptes de morale passent dès lors dans le code des lois; la morale, le droit et la religion concourent à former un tout, auquel tous les rapports se trouvent soumis. Les livres de Moïse, le Coran et toutes les législations orientales fournissent des exemples frappants de ce mélange du dogme moral et religieux avec la loi positive. On en trouve des vestiges dans la législation romaine, qui renferme une multitude de préceptes de morale dépourvus de toute autre sanction que celle résultant de leur vérité intrinsèque. Ces préceptes acquièrent une nouvelle autorité par la place même qu'ils occupent dans les codes, en témoignant par là de l'intime rapport qui existe entre le droit et la morale.

On a pensé de nos jours qu'il y avait quelque chose de vicieux dans ce mélange de simples préceptes avec la loi; néanmoins on en retrouve encore quelques traces dans le monument le plus remarquable de la législation moderne. Est-ce une imperfection, ou bien un hommage rendu presque involontairement au principe : que toutes les vérités se tiennent et s'appuient, malgré toutes les distinctions purement logiques et scientifiques? Quoi qu'il en soit, l'on y reconnaîtra toujours un avertissement solennel de ne point se borner à la sèche légalité des actions.

Le dogme moral, revêtu de toute la puissance de l'autorité traditionnelle, n'a cependant aucune sanction extérieure, et se trouve dépourvu de la seconde condition du droit. C'est là le point de séparation entre les préceptes moraux et les commandements de la loi. L'infraction des premiers est condamnée par la conscience et par l'opinion publique, le jugement en est porté devant un for dont les décisions peuvent frapper moralement, tandis que les infractions commises envers la loi sont réprimées par une puissance coërcitive.

Le mot *Loi*, dans son sens le plus

général, entraîne donc toujours avec
soi l'idée d'une nécessité. Lorsque cette
nécessité dérive du rapport des forces
physiques, la loi est une loi physique,
et dans ce sens elle n'est jamais synonyme du droit; lorsque la nécessité dérive du rapport des actions avec les
principes généraux et absolus que l'intelligence pose d'une manière transcendante, cette loi est la loi morale; ses
applications à des circonstances données,
résumées traditionnellement dans des
règles que l'opinion sociale a sanctionnées, forment les maximes morales de
chaque nation; enfin les règles qui déterminent les rapports obligatoires des
membres d'une même société, règles
formulées par une autorité à laquelle on
a reconnu cette mission spéciale, appli-
quées aux faits par un pouvoir social

chargé de cette fonction, et dont les décisions sont exécutées par une puissance
suffisante pour en assurer l'efficacité, ces
règles forment la loi positive ou juridique.

Les différentes significations du mot
droit se trouvent dans un rapport intime.
Le droit, considéré comme une faculté
d'agir, est le produit de la loi; et la loi,
ou l'ensemble des lois comme synonyme
du droit, est la cause déterminante des
facultés d'agir, envisagées sous le point
de vue juridique. Le rapport de ces expressions est celui d'une cause à son effet
et d'un effet à sa cause. C'est de ce rapport que dérivent les différentes acceptions dans lesquelles on se sert du mot
droit.

De l'essence du droit.

Beaucoup d'auteurs ont borné leurs recherches sur la nature du droit aux éléments que nous venons d'indiquer. Nous pensons aussi que la liberté d'action et la loi qui en détermine les limites forment, avec le pouvoir qui applique la loi, les conditions extérieures du rapport obligatoire ou juridique. Mais les conditions sous lesquelles une chose existe ne sont point la chose elle-même.

Il faut donc pénétrer plus avant. La nature intime du droit ne se trouve point dans des circonstances tout extérieures. Quelques considérations sur la nature du pouvoir qui forme la loi et en assure l'exécution, suffiront pour faire apprécier la justesse de cette assertion.

Le pouvoir à qui il appartient de formuler et de promulguer la loi, doit son autorité au caractère éminemment social de son institution. La loi est réputée l'expression d'une pensée sociale. Ce caractère réel ou supposé la place de fait au-dessus des opinions individuelles. Dépouillée de cet appui, la base de son autorité morale est détruite, la loi est frappée dans son principe vital.

La loi met un terme au conflit des intérêts; elle les règle, les subordonne les uns aux autres, protége ceux qu'elle a reconnus légitimes, repousse ceux qu'elle a réprouvés. Il était donc naturel de chercher dans la constitution du pouvoir qui forme la loi, une garantie de son intelligence des besoins de la société.

Il faut être haut placé pour saisir l'ensemble des rapports sociaux; il faut une connaissance approfondie des divers intérêts pour en apprécier la valeur absolue et relative. L'une et l'autre de ces connaissances se trouvent soumises à des conditions différentes; on les rencontre fréquemment l'une sans l'autre; mais il est rare de trouver réunis le coup d'œil généralisateur et la science de détail, la spécialité. Et cependant sans cette réunion il est impossible de déterminer avec justesse la subordination des intérêts et leur rapport avec les besoins généraux de la société.

Cette difficulté, déjà si grande, n'est pas la seule. L'intérêt personnel parle souvent plus haut que l'intérêt général; les hommes ne sont que trop portés à prêter l'oreille aux insinuations de l'égoïsme, qui sait se revêtir avec tant d'habileté des formes les plus diverses. C'est presque toujours au nom du bien public que les plus grandes iniquités ont été commises.

Il était donc naturel de chercher dans la constitution du pouvoir législatif une garantie de son intégrité.

Les sociétés ont poursuivi la réalisation de ces deux conditions avec plus ou moins de succès. Ce fut la pensée qui présida à la naissance et au développement du pouvoir législatif; elle se révèle à travers toutes les formes, et plane, pour ainsi dire, au-dessus du berceau et de la tombe de ce genre d'institutions.

Rien ne prouve mieux la prédominance du développement organique et historique des institutions sociales, que la variété des formes qui tour à tour ont servi d'expression à la même pensée.

Deux opinions fort opposées paraissent surtout avoir successivement prévalu.

L'une a cherché les garanties de lumières et d'intégrité dans l'identité présumée de l'intérêt personnel du législateur avec l'intérêt social ; l'autre a cru rencontrer ces mêmes garanties dans la pondération de tous les intérêts personnels et sociaux, représentés au sein du pouvoir législatif, chacun selon son importance et sa valeur.

Dans le premier système, la présomption d'identité de l'intérêt personnel avec l'intérêt social se fondait sur l'élévation de certaines positions, dont l'existence avait paru subordonnée à celle de la société. C'est dans cette catégorie qu'il faut ranger la royauté et l'aristocratie héréditaires. Lorsque le pouvoir législatif leur est exclusivement réservé, cette prérogative se fonde sur l'opinion qu'une existence aussi haute présuppose à la fois

des lumières et une indépendance d'intérêts qui ne se rencontrent point sur un
degré inférieur de l'échelle sociale.

Il est bien difficile de nier que l'intérêt
bien entendu des sommités de ce genre
ne se confonde point avec l'intérêt de la
société elle-même. Le pouvoir royal et
aristocratique ne se conserve d'ailleurs
qu'à l'aide des maximes d'ordre public,
de modération, de justice et de bonne
administration.

L'opinion qui a placé les garanties de
lumières et d'intégrité dans la situation
élevée du pouvoir législatif, est une opinion vraie, toutes les fois qu'elle est générale. Les societés ne restent pas longtemps
dans l'erreur, lorsque leurs intérêts se
trouvent en jeu. Dès que la garantie de
ces intérêts cesse d'être une réalité, l'esprit public change. L'habitude, l'affec-

tion pour la famille régnante, l'attachement si naturel pour des institutions
antiques, le souvenir des services qu'elles
ont rendus à l'État, l'influence des dogmes
religieux, peuvent maintenir pendant un
certain temps encore un état de choses
qui a longtemps duré; mais qu'une crise
survienne, que la tempête succède au
calme, et les institutions, minées dans
leurs fondements, s'écroulent avec une
effrayante rapidité.

Les attributions législatives de la théocratie sont basées sur une idée analogue.
Dans cette forme gouvernementale les
lois sont censées être l'expression de la
volonté de Dieu; toutes les garanties se
trouvent dans leur origine présumée; et
la puissance de leur autorité est en raison
de la foi qu'inspire le dogme.

Du moment où la foi est ébranlée ou

détruite, la pénalité la plus sévère ne saurait maintenir l'autorité de la loi. La terreur dont s'arment les pouvoirs qui se sentent déchoir ne fait que hâter leur ruine. Aucune force matérielle ne triomphe à la longue de la puissance morale qui réside dans l'opinion publique. Un pouvoir surtout, dont l'autorité repose sur des croyances, est à jamais perdu, lorsqu'il substitue la violence à la persuasion et ne se borne point à user pour sa défense des mêmes armes dont on se sert pour l'attaquer.

Le système de la pondération des intérêts a poursuivi par des voies différentes la réalisation des garanties dont nous avons indiqué la nature : elles devaient résulter du choc des intérêts individuels. La lutte provoquée au sein du pouvoir législatif devait amener des concessions réciproques, une espèce de transaction entre tous les intérêts opposés. Mais tous étant en définitive également subordonnés à l'existence de la société, que leur lutte pourrait compromettre, l'on est venu à penser que chacun d'eux devait être soumis au sacrifice de ce qu'il avait d'inconciliable avec les autres, et qu'il résulterait de ce conflit un règlement approximativement juste des rapports individuels et sociaux.

Il est évident que ces garanties ne sont, théoriquement parlant, ni plus ni moins fondées en raison que celles qui résultent de la position éminente du pouvoir législatif.

Le despotisme et la démocratie pure sont l'expression la plus matérielle de l'une et de l'autre de ces pensées. Leur grossière simplicité ne convient qu'à une société peu avancée. Des rapports plus compliqués et de nouveaux besoins exigent des garanties plus réelles que n'en offrent la majorité numérique des voix ou le bon plaisir du chef. De là de nouvelles combinaisons dans la constitution du pouvoir législatif. Nous n'apprécierons point ici la valeur de ces formes; il nous suffit de constater que toutes elles tendent au même but, et cherchent par des voies diverses à faire de la loi une règle juste des rapports qu'elle rend obligatoires. De là toutes les précautions pour la garantir de l'influence des préjugés, des passions et de l'intérêt personnel.

L'autorité de la loi est fondée sur la présomption de sa justice; et cette présomption est une conséquence de la nature du pouvoir, auquel la société a demandé toutes les garanties qu'elle a jugées nécessaires. Aussi longtemps qu'une loi n'est ni abrogée ni tombée en désuétude, cette présomption doit avoir toute la force de la vérité et de la réalité.

Toute théorie qui ne respecte point cet axiome conduit à l'anarchie. Si l'action d'un pouvoir régulier n'a point réalisé dans les lois ce qui est juste et convenable; si, malgré toutes les garanties que la société lui a demandées, ce but n'est point atteint, il le sera certes moins encore par l'action irrégulière d'un pouvoir de fait qui puisera sa force dans l'effervescence des passions du moment.

Les mauvaises lois sont un grand mal, mais il n'est point sans remède; car la réforme régulière n'est jamais impossible. L'anarchie, au contraire, est un mal plus grand : elle commence là où finit le respect pour la loi.

Si nous devions en rechercher les causes, nous n'en accuserions pas exclusivement les passions populaires, dont l'énergie sauvage n'éclate que dans les grandes crises sociales. Si l'on remonte aux causes lointaines qui ont préparé et amené ces crises, l'on se convaincra facilement qu'elles se trouvent dans la profonde corruption des pouvoirs sociaux, qui ont travaillé sans relâche, pendant des siècles quelquefois, à saper les fondements de toutes les institutions.

Nous insistons sur ces observations, afin que l'on ne se méprenne point sur la portée de quelques réflexions que nous allons faire.

En théorie, le pouvoir qui forme la loi est non-seulement censé connaître ce qui est juste, mais encore ne jamais vouloir que ce qui est juste; en réalité il n'en est pas toujours ainsi. Une distance incommensurable sépare ici, comme en tant d'autres occurrences, la théorie de l'application. Pas une seule des garanties que l'on avait demandées au pouvoir législatif n'a été reconnue infaillible; elles ont toutes successivement abouti à des déceptions.

La royauté a détaché ses intérêts dynastiques et personnels des intérêts nationaux; elle a cherché sa grandeur dans l'anéantissement progressif de tous les autres pouvoirs; devenue infidèle à son véritable caractère, sa splendeur et sa puissance ne furent plus celles de l'État même; et lorsqu'au moment du danger elle a voulu s'appuyer sur ses soutiens naturels, elle a reconnu, mais trop tard, que l'on ne s'appuie que sur ce qui résiste, et qu'avec la résistance la force avait disparu.

L'aristocratie méconnut aussi sa haute mission sociale : elle oublia les traditions qui avaient fondé sa puissance; elle déserta les maximes et les croyances, qui lui assuraient une influence salutaire et qui faisaient d'elle un élément conservateur de l'ordre et de la liberté. Dégénérant, soit en une oligarchie ombrageuse et tyrannique, soit en une courtisanerie plus honteuse encore, elle a précipité sa chute et anéanti, par des fautes sans nombre, un élément social, difficile, sinon impossible, à remplacer, et dont la haute importance ne peut être méconnue que par l'esprit de parti.

Il faut lire les historiens et les philosophes de l'antiquité (la plupart étaient des hommes d'État et avaient mis la main aux affaires de leur pays), et chercher le commentaire de leurs observations

profondes dans les événements du jour
ou dans l'histoire des dix dernières années
du siècle passé, pour se convaincre que
la démocratie, éminemment utile dans
tout ce qui tient à des intérêts locaux et
circonscrits de leur nature, manque de
modération, de persévérance, et surtout
des lumières nécessaires pour gérer avec
intelligence les intérêts généraux de la
société. Elle passe de l'indifférence à la
passion, et de la passion à l'indifférence.
Nul élément social ne s'est montré plus
accessible à la flatterie, plus facile à égarer
par l'intrigue, plus injuste et plus tyrannique, lorsque ses passions sont excitées
et qu'il ne rencontre plus d'obstacle pour
les satisfaire. La démocratie a rarement
été l'organe de la sagesse nationale; elle
fut plus souvent un instrument docile
entre les mains de quelques ambitieux

de haute portée, ou de la tourbe des intrigants de bas étage.

La théocratie, si admirable comme pouvoir civilisateur, si haut placée dans l'histoire par la ténacité de ses maximes politiques, la conséquence, l'enchaînement et la profondeur de ses vues, la prédominance des idées morales dans son action législative, s'est à son tour armée du fer et du feu pour extirper des croyances qui menaçaient ses prérogatives temporelles.

Tous les pouvoirs se sont montrés infidèles à leur origine et à leur caractère, ils ont tous fini par devenir oppresseurs et par rompre leur équilibre. La haine, la superstition, l'intérêt personnel, toutes les mauvaises passions ont trouvé tour à tour leur symbole législatif. Tous les partis, dans leur aveugle fureur, se sont armés du glaive de la justice; ils ont brisé sa balance et arraché de son front l'emblème sacré de l'impartialité.

De nouvelles théories ont conduit à de nouveaux essais; des institutions fondées sur la pondération des pouvoirs s'étaient développées chez une nation voisine. Le peuple, l'aristocratie, l'Église, la royauté, chaque élément de la société avait trouvé sa part dans ce pacte fondamental d'un caractère éminemment historique. Les effets heureux que cette forme gouvernementale avait produits frappèrent quelques hommes de génie: ils en exposèrent la théorie; de la théorie on en vint à l'application. Ces institutions furent transplantées d'un pays dans un autre, et le sang n'a pas manqué pour fertiliser le sol qui en avait reçu le germe.

L'ancien ordre social a péri dans la lutte qu'a soulevée cet essai; mais la France s'est attachée à ces institutions en raison même des sacrifices qu'elles lui ont coûté. Elles ont triomphé jusque-là de toutes les tendances hostiles qui les ont menacées, et la nation, placée sous un gouvernement de son choix, doit espérer de recueillir enfin le fruit de ses efforts.

Les convulsions violentes et passionnées de l'ordre social ne sont pas d'ailleurs l'unique cause de l'injustice des lois : une corruption plus lente et plus dangereuse se glisse à son tour au sein de la législature, et la torpeur de l'indifférence succède aux agitations passionnées; un poison lent et subtil s'infiltre sourdement et corrompt jusqu'aux sources de la vie sociale. Les intérêts matériels préoccupent seuls l'opinion publique. L'abnégation de soi-même, le dévouement à la chose publique, l'amour de la patrie, l'enthousiasme qu'inspirent de nobles pensées, la religion de l'honneur national, la foi dans le progrès social, de généreuses sympathies, toutes les idées vraiment morales finissent par être considérées comme les rêves de quelques idéologues, dont l'esprit impuissant n'a pu s'élever à la hauteur ou plutôt n'a pu se rabaisser au niveau des idées du jour.

L'intérêt personnel est le moderne veau d'or auquel jeunes et vieux sacrifient avec fureur : science, croyances, opinions, tout est ravalé au niveau d'une industrie, d'un commerce, d'un trafic, et l'argent finit par consoler de la perte du noble héritage offert en holocauste à des dieux nouveaux.

A ces époques de décadence les systèmes se multiplient; les théories succèdent aux théories, sans lien avec le passé, sans rapport avec le présent, sans aucun germe d'avenir, sans application possible. La législature se transforme en une agence d'affaires pour les intérêts locaux et de famille; c'est une banque dans laquelle s'escomptent les votes et les consciences, sinon au taux de l'argent, au moins au prorata du revenu des places briguées, et personne ne s'étonne plus d'un pareil état de choses.

Si nous passons au pouvoir judiciaire, la simple appréciation de la nature de ses fonctions suffira pour nous démontrer qu'elles se résument dans l'application de la loi au fait.

Le juge prend le droit tel que l'a fait la loi ou son équivalent, la coutume. Il n'a pas à s'enquérir de la justice du droit, encore moins à raisonner sur sa valeur; il doit se défendre de tout ce qu'on appelle *équité* et ne jamais substituer son opinion individuelle ni à la lettre, ni à l'esprit de la loi. Il doit être ce qu'on appelle en style de mercuriale l'esclave, l'organe impassible de la loi. La sagacité de son esprit, la force de son jugement ne peuvent et ne doivent se montrer que dans l'appréciation du fait, afin de le classer sous l'empire de telle loi plutôt que de telle autre.

Les décisions du juge sont de leur nature simplement déclaratives d'un droit préexistant; le titre du droit se trouve dans la loi et non dans le jugement, qui le constate simplement dans une espèce donnée, afin de le mettre à l'abri de toute contestation ultérieure. Le pouvoir judiciaire n'a d'autre mission que celle d'effectuer la mise en action de la loi; il se trouve être la condition nécessaire de l'efficacité du droit, sans avoir rien à démêler avec son essence.

Dans sa forme native le pouvoir judiciaire se trouve souvent mêlé au pouvoir législatif. En remontant à l'origine des sociétés, l'on voit le père de famille, les vieillards de la tribu, le chef de clan, les hommes libres, juger les contestations qui s'élèvent au sein d'une société naissante, non d'après la loi, qui n'existe pas encore, mais d'après les lumières qu'ils cherchent dans leur propre intelligence.

Cette autonomie individuelle contient le germe des institutions sociales; dès que ce germe se développe, l'unité élémentaire disparaît; la tradition, les mœurs des ancêtres, la coutume, enfin la loi

succèdent à l'autorité chancelante des opinions; la raison individuelle cède le pas
à la raison sociale. Alors le pouvoir judiciaire se détache pour toujours du pouvoir législatif; en exceptant toutefois les
cas d'interprétation, qui ramènent accidentellement ces pouvoirs à leur primitive unité.

Les changements survenus dans le langage rendent quelquefois la loi obscure, et
le juge doit en apprécier le sens; les changements survenus dans les mœurs et les
habitudes la rendent quelquefois encore
inapplicable, et cependant l'attachement
pour les institutions anciennes, la crainte
d'ébranler l'ensemble des institutions ju-
diciaires, en touchant témérairement à
l'une de ses parties, empêchent l'abroga-
tion ou le changement des lois tombées
en désuétude, et l'interprétation se charge

de leur réforme lente et successive. Plus d'une fois elle s'est acquittée avec succès de cette œuvre difficile et dangereuse.

L'on dirait que les institutions sociales sont soumises à une loi analogue à celle qui régit le développement des corps organisés. Le germe de ces derniers renferme sous une unité apparente la plus riche variété de formes. Le principe vital, mystère physiologique impénétrable, assimile les éléments propres à son développement ; l'unité élémentaire cède à la puissance de la forme innée, elle s'épanouit dans sa richesse et dans sa beauté.

Il y a quelque chose de semblable dans le point de départ des institutions sociales : là, tous les pouvoirs se confondent ; mais insensiblement les formes deviennent plus distinctes, une énergie native les détache et les pousse une à une dans une sphère spéciale. C'est ainsi que le travail se divise en raison des progrès de l'industrie.

On avait demandé au pouvoir législatif une appréciation vraie des rapports qu'il rendait obligatoires, après les avoir réglés. Il était dans la nature des choses d'exiger du pouvoir judiciaire une garantie analogue.

Pour appliquer la loi, il faut la connaître dans sa lettre et dans son esprit, c'est-à-dire dans ses rapports avec l'ensemble de la législation. Il faut également connaître le fait, l'apprécier sainement dans son essence et saisir avec impartialité la relation dans laquelle il se trouve avec la loi; car la déclaration de ce rapport constitue l'essence de tout jugement. Les trois éléments nécessaires à la juste application de la loi renferment toutes les données sur la nature des garanties que la société a dû exiger.

Elles se résument, si nous ne nous trompons point, de la manière suivante : garanties des connaissances positives, des lumières naturelles et du jugement, garanties d'indépendance, d'impartialité, d'intégrité. Les diverses formes sociales sous lesquelles le pouvoir judiciaire s'est historiquement développé, se rattachent nécessairement à l'une ou à l'autre de ces garanties, comme l'effet à la cause; en scrutant ces formes, l'on y découvrira les traces de la préoccupation qui porte toujours à chercher le remède d'un mal actuel, le plus grave pour ceux qui l'éprouvent; tantôt les essais nouveaux sont dus à l'absence de cette haute intégrité qui est l'honneur du magistrat; tantôt c'est le manque de lumières ou la corruption des mœurs qui entraîne de nouvelles combinaisons ; et la multiplicité des remèdes atteste la profondeur du mal.

L'on a essayé à peu près de toutes les combinaisons pour arriver à une constitution du pouvoir judiciaire, qui fût de nature à donner à la société les garanties voulues. Les divers modes de nomination aux fonctions de la judicature portent l'empreinte de cette préoccupation.

Les sociétés s'adressent tour à tour à la caste, à la naissance, à la richesse, à l'élection populaire, au caprice du hasard, au choix du prince. L'inefficacité d'un moyen fait recourir au moyen opposé. Lorsqu'à Rome la corruption eut gagné le sénat, les espérances se portèrent sur l'ordre équestre ; mais les chevaliers participant à la même corruption, il n'y eut plus de raison pour ne point s'adresser aux plébéiens.

Si nous jetons un coup d'œil sur les autres conditions dans lesquelles les sociétés ont cherché des garanties d'indépendance pour la magistrature, nous y remarquerons la même contradiction. C'est la vieillesse ou l'âge mûr, le juge unique ou un nombre plus ou moins considérable de juges, c'est l'inamovibilité ou la durée temporaire de leurs fonctions, qui tour à tour sont considérés comme motifs de confiance.

Il faut ajouter à cette énumération sommaire la nomenclature des garanties que l'on a cru trouver dans l'organisation intérieure et dans les formes des délibérations. Rappelons-nous à cet égard la publicité des débats et leur secret, la majorité et l'unanimité des votes, un

seul ou plusieurs degrés de juridiction,
la cassation, l'appel direct au jugement
de Dieu, les évocations devant le prince,
les formes nombreuses de la procédure et
de l'instruction, les attributions diverses
de juridiction, leur caractère exceptionnel
ou de droit commun, etc.

Il suffit, sans doute, de cette série de
palliatifs pour démontrer que l'axiome
res judicata pro veritate habetur n'a
ni plus ni moins de portée que la présomption de justice qui milite en faveur
de toute loi, par cela seul qu'elle existe.
Cependant ces deux axiomes sont la base
de tout ordre social.

Tout acte illégal qui porte atteinte à
la sainteté de la chose jugée, toute tentative de changer les lois par d'autres
moyens que ceux résultant de l'action
régulière des pouvoirs sociaux, consti-

tuent un attentat. Cet anathème ne frappe pas seulement les convulsions révolutionnaires, qui agitent les masses avec une puissance galvanique; il frappe encore les usurpations du pouvoir, qui, dans sa tendance vers la tyrannie, peut moins souvent invoquer en sa faveur la dure loi de la nécessité qui engendre la guerre, c'est-à-dire l'anéantissement du droit.

Les réformes régulières sont difficiles sans doute, mais rarement impossibles. Les institutions les plus vicieuses offrent des moyens de régénération, tandis que tout est perdu du moment où le mal a pénétré plus avant, où les mœurs se trouvent être plus perverties encore que les formes sociales. L'État, frappé au cœur, s'agite alors dans une longue et douloureuse agonie.

De la simple obéissance qui est due à

la loi et à la chose jugée, la distance est grande au respect qu'inspirent la sagesse de l'une et l'impartialité de l'autre.

L'obéissance n'exclut ni la réforme ni le progrès, ni la régénération : elle se concilie avec la critique, la libre discussion, l'indépendance de la théorie, et surtout avec l'action énergique de l'opinion qu'aucune tyrannie ne parvient à briser complétement. La puissance des idées domine celle des faits.

Nous n'entendons nullement nous prosterner avec un respect superstitieux devant la volonté du juge ou du législateur, quel qu'il soit. Personne ne révoquera en doute qu'il n'y ait eu des lois injustes, des lois dictées par la passion, inspirées par la haine, l'intérêt et le fanatisme. Des assassinats juridiques ont été commis avec tout l'apparat des formes de la justice;

les spoliations les plus iniques ont été consommées par les lois et au nom des lois.

En présence de ces faits il n'est point permis de soutenir que l'observation des solennités et des formes prescrites a suffi pour changer l'injustice en droit; ces formes, ces solennités ont un but, une signification; lors donc qu'elles deviennent illusoires et que les garanties qu'elles promettent ne sont plus qu'une ironie, il n'est plus besoin d'aucune autre démonstration pour arriver à conclure que la nature du droit renferme un élément supérieur aux conditions extérieures de sa réalisation.

Du juste et de l'injuste.

Lorsqu'il nous arrive de juger les actions des êtres libres ou bien les lois qui en régissent les rapports, nous nous servons des expressions usuelles de juste et d'injuste. En décomposant cette opération intellectuelle, nous trouvons qu'elle consiste dans la comparaison d'un fait avec un principe qui le domine.

Notre intelligence a conçu d'une manière plus ou moins nette l'idée de ce qui doit être, et nous appliquons à un fait réel la mesure obtenue par ce procédé.

Cette mesure n'est point abstraite du fait auquel on l'applique. S'il en était ainsi, elle serait identique avec lui; il n'y aurait donc plus de jugement, mais une simple aperception exprimée par la formule qu'une chose est égale à elle-même.

Nous voilà placés en face du principe élémentaire du droit et de l'idée fondamentale qu'il doit réaliser. Nous venons d'évoquer ce qu'il y a de plus intime dans sa nature : est-ce une ombre, est-ce une réalité qui nous apparaît ? La question vaut la peine d'être éclaircie.

Les opinions émises sur cette matière étant en opposition les unes avec les autres, il faut avant tout les apprécier.

La divergence des systèmes peut être ramenée à quelques idées fondamentales, qui elles-mêmes se rattachent à l'une ou à l'autre de nos facultés, dont l'influence prédominante a rompu le lien hiérarchique qui doit les unir et les coordonner. Telle nous paraît être la cause de la dissidence des opinions, qui ne sont jamais entièrement fausses, dès qu'elles sont sincères.

Le but idéal de la philosophie, c'est le

rétablissement de l'harmonie entre les divers systèmes par l'influence d'un principe supérieur résumant et coordonnant tous les principes inférieurs qui avaient usurpé sa place. Il n'est point de faiseur de systèmes qui n'ait espéré trouver cette pierre philosophale; soyons indulgents pour cet innocent espoir qui relève l'âme près de succomber sous le poids de l'incertitude. Sans doute une tâche si belle et si noble ne sera jamais accomplie par le travail individuel; mais parce que c'est là une œuvre éminemment sociale et séculaire, aurait-on le droit d'être injuste envers celui qui apporte son grain de sable au monument futur que ses yeux ne verront jamais?

Des théories sur le juste et l'injuste, les unes sont négatives, elles substituent le fait au droit; les autres ne vont pas aussi loin et se bornent à dépouiller le juste et l'injuste de tout caractère absolu. Les dernières, enfin, reconnaissent aux idées développées plus haut une nature invariable, mais elles diffèrent d'opinion sur la source qu'il faut leur assigner.

Nous allons essayer d'en esquisser les principaux traits. Commençons par la première de ces théories.

« L'état de nature est un état de guerre
« de tous envers tous, de chacun envers
« chacun. Ce qu'on appelle état social,
« n'est, à vrai dire, que le résultat de
« cette lutte, terminée par l'oppression
« du faible par le plus fort.

« L'intérêt personnel est en dernière
« analyse le motif de toutes les actions,
« et la force, l'unique mesure du droit.

« L'on se ferait illusion, en s'imagi-
« nant qu'il n'en est plus ainsi, parce

« que la force dominante a changé de
« nature et de forme, ou parce que son
« action est plus réglée et par conséquent
« moins brutale. Le faible gagne-t-il à
« ne plus être opprimé par la violence,
« lorsqu'il ne l'est pas moins par d'autres
« moyens plus sûrs, mais plus compli-
« qués ?

« Les lois sont faites non-seulement
« par ceux qui ont le pouvoir, mais en-
« core pour eux. Vainqueurs dans la lutte
« acharnée que se livrent les intérêts op-
« posés, ils ont cherché à perpétuer le
« résultat de cette victoire. La législation
« les sert à merveille.

« Qu'importent les lois civiles à la classe
« la plus nombreuse ? Ces lois, qui règlent
« l'état de famille et toutes les questions
« qui se rattachent au mien et au tien,
« de quelle utilité sont-elles à ceux qui

« ne possèdent rien, qui n'acquièrent à
« la sueur de leur front qu'un salaire ré-
« duit par une concurrence effrénée, qui
« ne transmettent à leurs enfants que le
« triste héritage de la misère? l'esclave
« de l'antiquité est devenu le prolétaire
« de nos jours. De chose qu'il était, la
« civilisation l'a élevé au rang des per-
« sonnes libres : a-t-il gagné au change?
« Les liens d'intérêt qui attachaient le
« maître à son esclave, ne valaient-ils
« pas mieux encore que l'isolement com-
« plet dans lequel le prolétaire se trouve
« au milieu de la guerre à mort que se
« livre l'industrie dans tous les pays civi-
« lisés? Quel fruit a-t-il recueilli de ce
« changement d'état? l'avantage d'en-
« voyer ses fils sur la frontière pour y
« mourir en défendant des droits qui ne
« sont pas les siens, et de livrer ses filles

« à la luxure des riches, dont les plaisirs
« corrompent ce qu'ils touchent.

« Il n'y a point d'exagération dans ce
« tableau de l'état social; les faits s'y
« montrent dans leur nudité, dépouillés
« des ornements dont les rhéteurs de
« toutes les époques les ont chargés : ces
« faits sont aujourd'hui ce qu'ils étaient
« hier; ils changeront de forme, mais
« comme ils dérivent de la nature des
« choses, le fond en sera toujours le même.
« Il faut les subir comme une nécessité; y
« trouve la justice qui peut! Ce n'est pas
« chose facile à ceux qui ne se payent
« point de mots.

« Quelle est la portée des lois civiles?
« N'est-il pas évident qu'elles ne concer-
« nent qu'une classe comparativement
« peu nombreuse? C'est entre ceux qui
« possèdent que le débat s'est engagé, et

« ils l'ont prudemment terminé par une
« transaction consentie dans le but de
« perpétuer un état de choses à leur con-
« venance. N'invoque pas même cette
« justice qui veut, car il faut la payer
« et la payer bien cher; mais le pauvre
« n'en a pas les moyens, et le spéculateur
« qui les lui prête le fait dans son propre
« intérêt. Le riche trouvera presque tou-
« jours dans les lois mêmes qui devraient
« tourner contre lui de nouvelles res-
« sources pour opprimer le faible : les
« formes protectrices de la procédure
« permettront-elles qu'il en manque ja-
« mais ?

« Passons aux lois pénales. La répres-
« sion est leur but avoué. Examinons la
« nature des faits qu'elles punissent et
« les causes qui les provoquent; voyons
« enfin les résultats de la peine.

« Ces faits se classent sous trois ru-
« briques principales : les attentats contre
« les personnes, contre les propriétés et
« contre la chose publique.

« La statistique judiciaire a prouvé
« qu'à peu d'exceptions près les attentats
« contre les personnes étaient commis,
« soit par des individus dont les passions
« brutales n'avaient été ni réglées ni con-
« tenues par l'éducation, ou dont les
« passions avaient été irritées par une
« instruction incomplète, qui avait fait
« naître chez eux des besoins auxquels
« leur situation ne leur permettait pas
« d'atteindre. Or, l'éducation manque
« presque toujours à l'enfant du pauvre,
« et lorsque, à force de privations, un
« homme du peuple est parvenu à donner
« à ses enfants une instruction supérieure
« à la condition dans laquelle ils sont

« nés, elle est rarement assez soignée,
« assez étendue, pour tourner à leur pro-
« fit; le plus souvent ils la maudiront
« comme le plus funeste présent.

« La plupart des attentats à la pro-
« priété sont commis de même par ceux
« que le hasard de la naissance a déshé-
« rités de tous les avantages de la fortune.
« Entouré des jouissances du luxe, qui
« augmente en raison de la misère géné-
« rale, comment le pauvre résisterait-il
« toujours à une tentation de tous les
« instants qui l'excite à s'approprier le
« superflu du riche, lui qui manque si
« souvent du nécessaire? Il faut plutôt
« s'étonner qu'il y ait encore autant de
« probité dans les classes inférieures de
« la société; car, aux vertus qu'on leur
« demande, peu de riches et de puis-
« sants en supporteraient le poids.

« Les garanties dont on a entouré la
« propriété protégent ceux qui possèdent
« contre ceux qui ne possèdent point. La
« justice de ce système de répression
« dépend évidemment de la justice de
« lorganisation sociale qu'il maintient.
« Mais cette organisation ne tend qu'à
« perpétuer les résultats de la victoire
« du fort sur le faible, à consolider les
« odieuses inégalités qui en dérivent, à
« perpétuer l'ilotisme de la classe la plus
« nombreuse, dont la condition est sans
« contredit inférieure à celle des animaux
« domestiques du riche. L'opinion, la
« justice et la loi ne traitent-ils pas avec
« plus d'égards le riche et le puissant que
« le pauvre? Le principe de l'égalité de-
« vant la loi est soumis à de si nombreuses
« exceptions, que l'on a fini par com-
« parer la loi à la toile d'araignée : le

« moucheron y demeure embarrassé, mais
« le frelon au vol audacieux la brise et
« passe à travers.

« A qui conserverait encore des doutes
« sur la vérité de ces assertions, nous
« rappellerions qu'il y a des délits qui
« forment pour ainsi dire privilége au
« détriment du pauvre, des délits que le
« riche ne peut jamais commettre, quel-
« que bonne envie qu'il en eût.

« Lorsqu'on est assez misérable pour
« n'avoir ni domicile fixe, ni moyens
« d'existence, la société sans doute se
« chargera de vous en offrir. Point, elle
« a trouvé plus commode de déclarer que
« le vagabondage est un délit; elle punit
« le fait: mais comme la cause n'en con-
« tinue pas moins à exister, lorsque le
« malheureux quitte la prison et que la
« surveillance de la haute police n'ajoute

« point à ses moyens d'existence, il n'a
« d'autre ressource que de commettre quel-
« que délit plus grave, afin de s'assurer
« une résidence un peu plus longue dans
« les prisons de l'État.

« Restent les attentats contre la chose
« publique. L'on demandera peut-être
« ce qu'importe la chose publique à la
« classe la plus nombreuse et la plus pau-
« vre; l'on trouvera sans doute qu'elle a
« besoin de pain, c'est-à-dire de travail
« et non de droits politiques. L'âne qui
« change de maître n'en porte pas moins
« le bât. De là semblerait découler une
« conclusion évidente, à savoir que le
« pauvre doit rester au moins étranger à
« cette classe spéciale de crimes et d'at-
« tentats; n'ayant rien à y gagner, pour-
« quoi ne laisse-t-il pas le soin de vider
« leurs débats à ceux-là seuls qui y ont
« intérêt?

« Il n'en est rien cependant. Moins
« les hommes sont éclairés, et plus ils
« sont susceptibles de ce qu'on appelle
« des sentiments généreux : l'amour de
« la patrie, le dévouement, l'enthou-
« siasme, sont des qualités populaires
« bien plus que des vertus de cour et de
« salon. Des galériens ont sauvé l'arsenal
« de Toulon, tandis que les aristocrates
« avaient livré ce port aux Anglais. Les
« ambitions qui se tiennent dans l'ombre,
« savent fort bien quel puissant levier
« elles trouvent dans les passions popu-
« laires. Elles fanatisent le peuple soit au
« nom de la religion, soit au nom de
« la liberté, de la légalité ; les moyens
« dont elles peuvent disposer leur assu-
« rent sinon des chances de succès, du
« moins la certitude de l'impunité.

« Le peuple dûment excité, travaillé,

« irrité, se jette au-devant du danger :
« c'est lui qui sera foudroyé par la mi-
« traille, et si tout va pour le mieux, il
« s'enivrera durant quelques semaines de
« sa gloire et de sa grandeur ; les salles
« de spectacle retentiront des chants qui
« célèbrent son héroïsme ; quelques mil-
« liers d'aunes de rubans de diverses cou-
« leurs, seront consommées pour orner
« les survivants, et des fleurs ne man-
« queront pas aux tombeaux des braves !
« Mais les refrains vont en s'affaiblissant,
« et les hommes d'État, arrivés à leurs
« fins, auront assez à faire pour museler
« le lion qu'ils ont lancé dans l'arène.

« Nous avons qualifié les faits que la
« loi pénale punit ; nous en avons re-
« cherché les causes. Jetons encore un
« coup d'œil sur les résultats de la peine.
« Si la répression doit en être le carac-

« tère, il n'y a point de peine plus logi-
« quement efficace que la peine de mort.
« Lorsqu'on a coupé la tête à un mal-
« faiteur, il est certes dans l'impossibi-
« lité de commettre un nouveau crime;
« si la peine doit avoir un but de mora-
« lisation, ce but sera peut-être atteint à
« l'encontre du coupable; mais il en jouira
« dans l'autre monde; car la réforme ne
« peut jamais durer au delà du temps qui
« s'écoule entre la lecture de l'arrêt de
« rejet du pourvoi et l'échafaud. Quant
« à l'impression que cette exécution pro-
« duit sur le peuple, elle est incompara-
« blement plus favorable et plus forte
« encore que l'instruction puisée dans les
« débats publics des cours d'assises. De
« bonne heure la foule se presse autour
« de la machine fatale; les propos les
« plus joyeux et jusqu'à des plaisanteries

« obscènes égayent la foule ; le condamné
« vient ; il se fait un grand silence ; on
« admire sa contenance, on loue le cou-
« rage du patient ; ou, mieux encore, l'on
« se moque de son abattement ; la bascule
« a joué ; le bourreau relève la tête qui
« vient de tomber et la montre à cette
« foule avide d'émotions ; le spectacle est
« fini ; chacun s'en retourne content de
« sa journée, le filou à son industrie,
« l'honnête homme à son travail. Après
« la guillotine, le bagne ; ceux qui en
« sortent sont complétement formés ; ceux
« qui y restent à demeure se chargent de
« l'éducation des arrivants. Le résultat des
« peines temporaires consiste à former des
« criminels de plus en plus consommés :
« nous demandons où se trouve la jus-
« tice ? »

La théorie que nous venons d'esquisser

a toujours été un instrument de guerre et d'attaque. Ceux qui voulaient battre en brèche des institutions qui contra- riaient leur ambition ou leurs vues de réforme, n'ont jamais manqué de s'armer d'une critique inflexible dans sa violence.

Cette polémique n'a pas toujours con- duit aux conséquences négatives que nous venons d'indiquer. De brillantes pro- messes de régénération succédèrent plus d'une fois aux attaques dirigées contre la réalité; plus celle-ci prenait les formes de la caricature, et plus le tableau de l'avenir s'ornait de riches couleurs. Il fallait offrir une compensation, et l'on devint prodigue d'un bonheur idéal.

Cependant, si l'histoire des institutions sociales ne nous enseigne que le dogme fataliste de l'oppression du faible au profit du fort, c'est une bizarre inconséquence

que de concevoir de nouvelles espérances
après le démenti que trois mille années
n'ont cessé de leur donner. Il n'y aurait
qu'une seule conclusion logique à tirer
de l'arrangement des faits tels qu'une
critique exagérée les a posés. Cette conclusion c'est la négation du juste, l'identité
du fait et du droit. C'est le motif qui nous
fait passer sous silence les conséquences
moins rigoureuses que l'on a tirées des
mêmes prémisses.

Les utopies ne sont guère de notre
goût. Nous n'avons foi dans le progrès
qu'en tant qu'il est lent, successif et
appuyé sur le passé comme sur sa base
naturelle. Les théories anciennes et modernes, conçues dans le but d'une réforme
sociale absolue et radicale, renoncent
d'elles-mêmes à toute réalisation possible ;
c'est dire que nous les trouvons tout au
moins inutiles.

Le caractère polémique du système que nous analysons en laisse préjuger le mérite. Lorsque la science descend dans l'arène où les intérêts positifs s'entrechoquent et se combattent, il ne lui est plus donné de saisir les faits dans leur ensemble et de les juger avec impartialité.

Les objets que l'on examine à travers le prisme des passions prennent des formes qui ne sont point les leurs. Les partis religieux ou politiques n'ont jamais manqué de se faire une philosophie, une histoire à leur usage et à leur convenance. Pour sauver la logique de leurs raisonnements ; ils ont altéré la nature des faits : le vrai se trouve combiné avec le faux dans un alliage qui n'est pas toujours facile à décomposer.

Ce qui nous frappe tout d'abord dans ce système de négation, c'est l'observation incomplète de la nature de l'homme, c'est la conception toute matérielle des forces qui constituent ses rapports sociaux.

Sans être optimiste, et sans juger les hommes avec trop de faveur, il suffit de les avoir bien observés pour se convaincre que l'intérêt personnel ne peut être ni l'unique ni même le principal mobile de leurs actions. La société est autre chose que le résultat de l'oppression du faible par le fort.

Ce système ne s'étant guère élevé au-dessus de la sphère toute matérielle et animale de l'existence humaine, et s'étant borné à l'appréciation exclusive de l'instinct égoïste auquel il soumet toutes les autres facultés de l'homme, nous croyons pouvoir nous dispenser à notre tour d'examiner ici ces dernières. Nous nous maintiendrons dans les limites tracées par le système; quelque bornées qu'elles soient, nous y trouverons des faits suffisants pour démontrer qu'il a fallu mutiler l'homme moral avant d'arriver à la négation du juste, à la confusion du fait et du droit.

Examinons de ce point de vue ce qu'il y a de vrai, ce qu'il y a de faux dans cette théorie.

La nature purement animale de l'homme, le fait de son association, les causes qui la maintiennent, telles seront les différentes questions à résoudre.

Chaque être est doué d'un puissant instinct qui le porte à sa propre conservation et à l'acquisition de la plus grande masse possible de jouissances. L'on ne saurait nier que cet instinct personnel et égoïste n'agisse dans l'homme avec la même puissance que dans les êtres d'une organisation moins parfaite.

Sans nier le fait qui forme le pivot du système, nous en contestons l'action exclusive sur le développement des formes sociales.

L'on a dit que l'état de nature était un état de guerre de tous envers tous, de chacun envers chacun : il eût été plus vrai de dire que cet état est la conséquence de l'action exclusive de l'égoïsme. Lorsque chaque individu se pose comme centre, il n'y a plus d'autre lien possible que celui qui résulte de la domination du fort sur le faible.

De tels rapports sont en opposition avec le sens attaché aux mots d'association, de société. L'état social n'est pas une simple agglomération d'individus contenus par la force : d'autres éléments que la contrainte sont nécessaires pour le constituer.

Le maître qui exploite son esclave, sa *chose,* ne vit pas avec lui dans un état d'association ; et lorsque les Spartiates faisaient peser le fardeau de la vie matérielle sur les ilotes, le rapport dans lequel ils se trouvaient avec eux était celui du fort au faible : il n'y a là nul vestige d'association. Une infinité de rapports sociaux ont porté et portent encore l'empreinte de l'égoïsme, le cachet de la force qui a subjugué la faiblesse ; mais il en est d'autres aussi d'une origine plus pure, d'une nature plus élevée.

Supposons que l'instinct égoïste agisse seul et d'une manière exclusive, que parviendra-t-il à fonder ? la société, l'association ? jamais : son action est anti-sociale de sa nature, il ne fondera que le *moi.* Jamais l'égoïsme ne permettra le développement simultané, libre et concordant de deux individualités mises en contact ; l'une finira par opprimer, par anéantir l'autre : c'est le résultat inévitable de deux forces opposées qui ne se rencontrent que pour la lutte, et qui ne luttent que pour s'anéantir.

Il est un autre fait qu'il suffit d'indiquer pour en faire sentir l'importance. Partout où l'on a rencontré l'homme dans un état d'isolement et abandonné à ses propres forces, on l'a vu misérable : c'est le sort de tous les êtres qui vivent dans un état contraire à leur nature. Là où la somme des rapports sociaux se résume dans l'oppression du faible par le fort, la dégradation morale du maître et des esclaves venge les atteintes portées à la dignité de l'homme. Mais partout où l'association s'est formée, quelque imparfaite qu'en ait été la forme, l'homme y a trouvé des ressources pour lutter avec avantage contre les influences hostiles qui menaçaient son existence; sa puissance a grandi par l'association, et ses facultés y ont rencontré la condition de leur plus vaste développement.

L'on est fondé à conclure de ces faits que l'association est l'état normal de l'existence de l'homme.

Peut-être le calcul et la réflexion ont-ils fait apprécier les avantages de l'association, et chacun dans son propre intérêt a-t-il consenti à sacrifier ce qu'il y avait de trop hostile dans ses prétentions, afin de jouir avec plus de sécurité de la part ainsi réservée.

Ce raisonnement spécieux renferme une pétition de principes. Pour arriver à cette conclusion, il faut avoir comparé les désavantages de l'isolement avec les avantages de l'état social, et comme il n'y a que l'expérience qui puisse faire apprécier ces derniers, la possibilité de ce raisonnement présuppose l'existence de l'état social. La société formée, ce calcul a sans contredit plus d'une fois dirigé l'intérêt égoïste; de nombreuses concessions ont été faites sans doute par calcul et par intérêt.

L'état normal de l'homme ne saurait avoir pour base l'action incertaine d'un raisonnement : la nature s'est servie d'un moyen plus sûr et plus puissant pour le fonder.

Dans la sphère de l'existence animale et matérielle (la seule dont nous nous occupons en ce moment) l'intérêt égoïste nous apparaît comme un des faits dominants. Mais, loin d'être le seul qu'on y observe, il en existe à ses côtés un autre non moins patent, qui en neutralise les effets et, par une action contraire, les contient dans de justes limites.

Les instincts sympathiques agissent avec une puissance égale, souvent supérieure à la force de l'instinct égoïste. C'est à leur impulsion qu'il faut attribuer le penchant de l'homme pour son semblable, le rapprochement des sexes et les liens durables qui constituent la famille. Les instincts sympathiques sont expansifs et portent la vie au dehors, tandis que l'égoïsme la concentre; ils unissent d'un ciment indestructible la vie de l'individu à celle de ses semblables.

Le *moi* constitue l'individualité, l'instinct sympathique fonde la sociabilité; l'un ramène tout vers un centre unique; l'autre, par l'effet d'une attraction réciproque, parvient à faire tourner un plus

ou moins grand nombre d'existences individuelles dans une sphère commune.

Le mystère de la génération sociale
ne réside point dans l'action mécanique
de la force qui subjugue la faiblesse, mais
dans la puissance expansive et attractive
des instincts sympathiques. L'association
est une conséquence native de l'organisation de l'homme, la condition élémentaire de tout progrès, de tout développ-
pement intellectuel. Ses facultés ont besoin de l'état social pour se développer,
comme le germe des plantes a besoin des
sucs nourriciers de la terre et de l'air,
de chaleur et de lumière.

Nous n'avons suivi la nature de l'homme
que dans son essence animale, et déjà
nous sommes forcés d'y reconnaître un
agent fort opposé à celui que le système
que nous critiquons admet d'une manière

si exclusive. Nous avons rencontré l'instinct sympathique, les affections et le développement qui en est inséparable ; nous avons remarqué dans les rapports qui en dérivent, un caractère qui ne se rencontre pas dans ceux qui naissent d'une action purement mécanique.

La sphère de l'existence humaine s'est trouvée agrandie ; nous sommes sortis des limites étroites de l'individualisme pour rencontrer la famille, ce type primitif de toute association, l'association des familles, en un mot, la société, qui n'est pas encore l'État, mais qui en forme l'élément natif, la condition première.

L'action et la réaction de ces deux puissants instincts se retrouvent dans la série des organisations inférieures. La nature animale nous les montre dans une immense variété de combinaisons diverses.

Certains animaux paraissent dépourvus de toute impulsion sympathique. On
trouve dans leurs mœurs et dans leurs
habitudes le type de l'instinct égoïste.
Dans certaines familles, l'acte d'union
par lequel ils perpétuent leur espèce, ne
précède souvent que d'un instant la guerre
à mort que se font le mâle et la femelle;
l'instinct égoïste semble se venger de la
violence qu'il a subie par un rapprochement qui fait le charme des êtres plus
heureusement organisés. Il en est d'autres
dont l'instinct sympathique est doué d'une
grande puissance de développement; on
les trouve susceptibles d'affections durables, vraies et désintéressées. Il en est
enfin dont la vie sociale commande notre
admiration. Les travaux qui s'exécutent
au sein de ces espèces annonceraient la
plus haute intelligence, si l'empreinte

d'une nécessité invariable ne révélait l'absence de toute liberté, et si la plupart de ces animaux, pris en dehors de l'œuvre sociale par laquelle ils se perpétuent, ne dénotaient, par une extrême faiblesse d'intelligence, l'absence des facultés qui nous frappent dans des organisations plus parfaites. Si nous descendons plus bas encore, les affinités chimiques et l'action des forces physiques qui font mouvoir les astres dans leurs orbites avec une si merveilleuse régularité, nous fourniraient de nouvelles preuves en faveur de la généralité de cette action et de cette réaction de deux forces opposées, dont l'une est répulsive et l'autre attractive.

Nous nous arrêterons ici dans nos recherches sur la nature de l'homme; nous aborderons ses facultés élevées dans l'analyse des théories, qui en ont tenu plus de compte que ne l'a fait celle que nous venons de réfuter. Passons à l'appréciation des faits historiques; c'est la seconde question que nous nous étions proposé de résoudre.

La nature de l'homme est la clef de son histoire; un système qui mutile la première ne peut manquer d'altérer l'autre.

Pour comprendre les faits, il faut sans doute commencer par les savoir; mais comme de très-grands érudits ont été d'ailleurs de fort pauvres historiens, nous en conclurons que la science des faits ne suffit point à elle seule pour donner l'intelligence du passé.

Au fond des faits se trouvent la nature de l'homme et son développement dans des circonstances données; sous la forme des institutions se trouve la vie sociale, qui leur a donné naissance. Pour contempler l'une et pour apprécier l'autre, il faut avoir acquis la science de sa propre nature.

Les initiations mystérieuses du génie ont été réservées de tous temps à un petit nombre d'élus ; l'intuition spontanée et prophétique qui fait les grands poëtes, les grands historiens, l'homme de science et le philosophe, la divination des besoins et des tendances d'une époque tout entière, espèce de seconde vue qui fait l'homme d'État éminent, ce sont là des faveurs que la nature n'a jamais prodiguées. La plupart des hommes comprennent à peine le court espace qu'ils ont vécu.

Les enseignements de l'expérience sont fragmentaires de leur nature ; mais le résultat le plus incomplet de tous consisterait à ne trouver au fond du cœur de l'homme que l'instinct personnel, que l'égoïsme.

Lorsqu'on cherche à éclairer le passé avec une lumière aussi imparfaite, faut-il s'étonner de n'y apercevoir que l'explication tronquée de telle ou telle série de faits? Un poëte l'a dit avant nous :

> ....*Die Zeiten der Vergangenheit*
> *Sind uns ein Buch mit sieben Siegeln;*
> *Was ihr den Geist der Zeiten heisst,*
> *Das ist im Grunde nur der Herren eigner Geist*
> *In dem die Zeiten sich bespiegeln.*

Rien de plus facile, mais aussi rien de plus étroit que cette manière de faire de l'histoire par formules, lorsque les données sont incomplètes.

Il ne faut ni une science bien profonde ni un talent extraordinaire pour saisir quelques arguments saillants en faveur du premier système venu. L'habileté la plus modeste arrivera à grouper ces preuves factices d'une manière convenable ; mais l'histoire des institutions sociales ou bien la philosophie de l'histoire ne se laisse guère emprisonner en de pareilles formules.

La vie sociale est l'expression de toutes les forces qui s'agitent dans son sein. Toutes les facultés de l'homme réagissent sur elle et y laissent leur empreinte. Aussi peut-on retrouver dans les institutions, telles qu'elles se sont historiquement développées, le symbole de chaque élément qui a concouru à leur formation. Il est facile surtout d'y reconnaître l'empreinte de l'instinct grossier et personnel, qui se développe l'un des premiers dans l'homme individuel comme dans l'homme collectif ou la société.

Ceux qui ont médité sur leur développement individuel n'ignorent point ces luttes internes qu'il leur a fallu traverser pour établir l'ordre et l'harmonie entre leurs facultés. Ils se rappelleront sans doute qu'il fut pour eux des époques où le vif sentiment de l'individualité l'emportait sur toute autre pensée; qu'il en fut d'autres où toute l'énergie de leur âme s'appliquait à la destruction du *moi* et tendait à se fondre dans l'idée d'un tout. Ils n'auront point perdu le souvenir plein de charmes de ces moments fugitifs dans lesquels il leur fut donné d'arriver à l'harmonisation de l'individualité et de l'universalité. Or, les découvertes que chacun a pu faire sur sa propre nature se retrouvent dans la vie sociale de chaque peuple et dans l'histoire de l'humanité entière.

Les mêmes forces, les mêmes facultés

s'y développent, la même lutte s'y engage ; mais elle est plus longue et plus intense en raison d'une arène plus vaste et des nouvelles complications qui s'y rencontrent.

L'individualité y cherche son développement libre et complet ; les formes successives dans lesquelles elle vient se manifester, portent tour à tour l'empreinte prédominante de l'une ou de l'autre des facultés de l'homme, de ses instincts et de son intelligence, de ses passions et de sa raison.

L'individu se heurte contre l'individu, la famille contre la famille. La différence des races, du langage et des mœurs rend ce choc plus rude et plus hostile. Des siècles suffisent à peine pour adoucir ces frottements qui donnent le mot de l'énigme que présentent beaucoup d'institutions.

Ce n'est pas tout. L'individualité de l'homme rencontre celle de la société; tantôt celle-ci absorbe l'homme; tantôt ses liens organiques se relâchent au point qu'elle n'est plus qu'une agglomération d'individus. Les éléments dont les diverses combinaisons constituent la forme et l'essence de la société, se trouvent dans une action et réaction continues; en un mot, les luttes et les crises qu'on observe dans le développement de l'individu, se reproduisent au sein de la société, mais dans des proportions plus grandes. Enfin, les sociétés constituées, c'est-à-dire les États, heurtent de front d'autres individualités sociales, et les mêmes rapports se reproduisent sur une échelle plus grande encore.

La subordination des diverses facultés

de l'homme, telle est la loi suprême de son développement : du moment où ces dernières retournent à leur hiérarchie naturelle, la lutte est terminée ; il y a progrès. L'organisme social est soumis à une loi analogue.

L'existence des sociétés est attachée à la subordination des forces qui se déploient dans leur sein ; la condition de leur prospérité dépend de l'harmonisation des facultés physiques, intellectuelles et morales ; car la société c'est l'homme, mais l'homme complet, l'homme avec ses instincts et ses passions, l'homme avec ses nobles facultés et ses hautes espérances.

Les lois et les institutions sont les essais (imparfaits sans doute) par lesquels les sociétés ont cherché la solution de ce grand problème : ces solutions ne furent pas toujours heureuses, nous en convenons ;

mais quelle qu'en ait été la valeur absolue, elles n'en ont pas moins substitué
l'ordre au désordre, la paix à la lutte,
un état juridique à un état de guerre ;
elles ont embrassé toute la sphère de l'existence humaine, l'individu et la société.
Peut-être appartient-il à une civilisation
plus avancée de mettre fin, un jour, à
l'état antijuridique, à l'état de guerre
qui n'a jamais cessé de société à société :
jusqu'à ce que ce moment arrive, le Droit
des gens ne sera qu'un vain mot.

Nous avons rapidement apprécié le
caractère des lois et des institutions sociales ; nous venons d'y reconnaître une
tentative plus ou moins heureuse pour
régler les rapports d'individu à individu,
de l'individu avec la société et de la
société avec ses membres pris isolément.
Nous avons déterminé leur but, qui con-

siste à contenir l'action désordonnée des volontés, à mettre un frein aux intérêts et aux passions, à subordonner les unes aux autres toutes les forces sociales, à fonder entre elles une hiérarchie dont le type se trouve, comme nous le verrons plus tard, dans la nature de l'homme.

Dès lors, que nous resterait-il à dire d'une théorie qui a tenu compte d'un seul phénomène et ne s'est attachée qu'au vestige grossier d'un instinct plus grossier encore? la suivrons-nous pas à pas? réfuterons-nous un à un tous les faits dont elle s'est armée pour défendre une opinion qui flétrit la nature morale de l'homme? Ce serait, nous le pensons du moins, une entreprise superflue; car sa critique, quelque amère et exagérée qu'elle soit, nous l'acceptons comme un moyen de réforme et de progrès.

(115)

Les lois civiles, le droit pénal, les
institutions politiques, malgré leurs nombreuses transformations, n'en sont pas
encore au point d'avoir effacé l'empreinte
que l'égoïsme du plus fort y a laissée, et
s'il ne peut jamais être permis de faire
l'apologie des maux dont souffre la société, ce ne sera certes point au temps
où nous vivons que l'optimisme a des
chances de succès. Mais ce que nous acceptons sous la forme de critique, nous
le repoussons comme philosophie de l'histoire. Pour mériter ce nom, qui doit être
réservé à des travaux historiques d'une
bien autre portée, il faudrait une appréciation plus complète et de l'homme et
des formes de son existence.

Avant de classer en trois séries les
systèmes sur le juste et l'injuste, nous
nous sommes demandé à quelle faculté

chacun d'eux s'était adressé de préférence. Nous avons pensé que l'étude psychologique nous aiderait à trouver les données sur la nature du juste et à juger les opinions contradictoires, dont nous avons formé des groupes distincts et fortement caractérisés, sans nous attacher aux nuances et aux détails.

C'est dans ce sens que nous venons d'analyser la théorie usée qui nie le juste et l'injuste.

Pour arriver à connaître l'élément de ces rapports privés de toute moralité, nous nous sommes placé en face de leur principe générateur, qui n'est autre que l'instinct personnel, l'égoïsme ; faculté puissante, dont nous n'avons contesté ni la nécessité ni l'utilité, puisqu'elle est la base du *moi* et qu'elle constitue l'individualité, mais dont nous avons aussi constaté les effets funestes, lorsque, véritable usurpatrice, franchissant les limites qui doivent circonscrire son action, elle se pose comme principe fondamental des rapports sociaux.

Dans l'examen de cette première classe de théories sur le juste, nous nous sommes livré à des développements qui seront superflus dans nos recherches ultérieures. D'illustres écrivains, dans leurs travaux sur l'histoire générale de la civilisation, ou sur l'histoire spéciale de la philosophie et des sciences sociales, ont fait connaître suffisamment les diverses théories du juste et de l'injuste : en indiquant leur pensée dominante, nous simplifierons notre tâche, sans renoncer aux résultats qu'il s'agit d'obtenir.

La faiblesse de l'homme isolé, nous dirons même son abrutissement, est un fait, qui devient plus saillant encore par l'immense développement de ses facultés et de sa puissance dans l'état social. Ce fait ayant vivement frappé tous ceux qui se sont occupés de ce genre d'études, on en a conclu que les conditions de la sociabilité étaient en même temps celles du juste. Ce qu'il y a de vrai dans cette pensée, c'est que le juste ne peut jamais être contraire à la sociabilité; car le juste est l'idée fondamentale du droit, dont le but est de régler les rapports obligatoires: il est évident que le juste ne saurait être contraire à la sociabilité, sans laquelle il n'y a pas de rapports possibles.

Il nous paraît moins exact de prétendre que le fait de la sociabilité renferme en lui-même l'idée du juste. Il y a là deux choses fort distinctes : le fait de la sociabilité et l'idée du juste, qui détermine, ou qui doit déterminer les rapports nés de ce fait.

La sociabilité est non-seulement un fait, mais le fait le plus général que la nature de l'homme ait produit. Qu'est-ce donc que cette sociabilité? est-ce une qualité qui s'acquiert par suite d'un acte de notre libre volonté, un résultat obtenu par la réflexion ou par les efforts d'un travail intelligent? Nous ne le pensons point. L'homme n'est pas sociable parce qu'il a voulu l'être, ni parce qu'il a cru cet état plus convenable et plus avantageux que l'isolement : il est sociable parce que c'est là le caractère indélébile de son espèce; il l'est par suite d'une nécessité dont nul individu ne saurait s'affranchir complétement. L'homme est un être sociable comme il est un être vertébré, mammifère et bimane. L'état social est pour lui un état de nature, c'est-à-dire un état dans lequel il trouve les conditions de son développement le plus complet.

Partout où l'homme a laissé des traces de son existence, nous le trouvons à l'état social; condition première de tout développement et de tout progrès: devant ce fait les rêves d'un contrat social s'évanouissent, et la chimère d'une majorité qui entraîne la minorité à l'abdication d'une liberté primitive, rentre dans son néant.

En observant par quels moyens chaque être est retenu dans les limites normales de son espèce, nous ne saurions y méconnaître le caractère d'une nécessité physique, qui ne permet aucune perturbation durable. Ainsi la manière de vivre des animaux est un résultat de leur organisation ; leurs mœurs et leurs habitudes sont déterminées par l'instinct, dont l'étonnante action se montre spécialement dans tout ce qui tient à la conservation de l'espèce ; le mélange des espèces, qui entraînerait la déviation du type primitif, est frappé de stérilité dès la première génération ; partout se manifeste l'action d'une loi supérieure que la volonté de la créature ne parvient jamais à dénaturer. Les animaux sont susceptibles d'une espèce de raisonnement et capables d'affections libres, durables et qui n'ont rien à démêler avec l'instinct ; mais l'une de ces facultés ne porte aucune atteinte à la règle fondamentale de leur existence que l'instinct leur a tracée.

Quant à l'homme, la nature a décrit pour lui une vaste sphère, au sein de laquelle ses nobles qualités peuvent toutes arriver à leur libre et complet développement; et il devait en être ainsi. Indépendamment d'une organisation plus délicate et plus parfaite, l'homme fut doué de puissantes facultés, qui sans doute n'étaient point destinées à périr dans leur germe, et qui, dans la marche même de leur développement, devaient se distinguer par un caractère propre, dont on recherchait en vain l'analogue dans les organisations inférieures. Ce fut là pour lui le gage d'un plus grand avenir.

L'on dirait que dans l'immense chaîne des êtres qui s'élève des essais les plus informes jusqu'à la figure idéale d'un Apollon, l'homme se trouve le chaînon intermédiaire entre la terre et un monde meilleur dont la foi nous garantit l'existence. Mais à cette sphère de liberté (domaine de l'intelligence et de la volonté)

la nature a donné pour base l'état social ;
elle l'a posé comme condition élémentaire
de tout progrès ; elle a voulu que ce fût
l'état normal du dernier né de la création
planétaire. Pour fonder cet état, elle ne
s'en est remise ni à l'intelligence ni à la
volonté de l'homme. Elle s'est adressée
à des forces dont l'action invariable,
constante et nécessaire garantissait la base
qu'elle a donnée à la liberté.

La nature fit pour l'homme ce qu'elle
avait fait pour les animaux ; elle chargea
l'instinct de fonder et de conserver la
norme indélébile de l'existence humaine.

La nature a voulu l'individualité, et
elle a mis l'instinct personnel au fond du
cœur de l'homme ; elle a voulu la sociabilité, et l'instinct sympathique exerce
son attraction puissante en dépit de l'é-
goïsme. Cette sociabilité ne se trouve

nullement limitée à l'attrait sensuel qui porte à l'union des corps, ni à l'attachement qui naît des liens de famille. L'instinct social, que l'on remarque dans certaines classes d'animaux aussi bien que chez l'homme, a un caractère moins spécial ; sa force d'attraction répond au besoin d'une vie commune et de la mise en commun de toutes les forces individuelles. Il est vrai aussi que ces instincts agissent sur la nature animale avec plus d'énergie que sur l'homme ; les animaux sociables y trouvent la condition de leur état social et les règles invariables de leurs rapports. La cellule de l'abeille demeure uniformément basée sur les règles géométriques les plus rigoureuses, et les institutions monarchiques de cette tribu ailée sont aujourd'hui ce qu'elles étaient du temps de Virgile.

Or, il n'en est point de même pour l'homme. Il n'y a que le fait de l'état social qui chez lui puisse être attribué à l'instinct ; c'est le seul qui surgisse partout et en tout temps d'une manière constante, le seul qui porte le cachet d'une nécessité physique. Les rapports qui, au contraire, naissent de la sociabilité de l'homme, sont affranchis de la règle uniforme de l'instinct qui les détermine chez les autres animaux sociables. Le fait que l'instinct sympathique a fondé, se trouve pour ainsi dire abandonné à l'influence d'autres facultés qui agissent avec une entière liberté. Ici la condition de l'homme semble de prime abord moins heureuse que celle des animaux. Quant à ces derniers, une nécessité physique s'est chargée de constituer d'une manière fixe les relations de leur vie sociale; tandis que la nature, en abandonnant l'homme à ses propres forces, lui impose le problème difficile de régler librement les rapports qui sont la conséquence de la sociabilité. De là les malheurs de l'homme; mais de là aussi sa grandeur.

Il nous reste peu de choses à dire sur le principe de la sociabilité considéré comme fondement du juste et de l'injuste; car ce principe nous échappe au moment où nous lui demandions de compléter son œuvre, de régler les rapports qu'il avait fondés.

Cependant la force des choses devait ramener la spéculation philosophique vers la nature de l'homme. C'est à cette source qu'elle devait puiser les notions élémentaires dont elle avait besoin, et trouver les données propres à la solution du problème qu'elle s'était posé. L'impuissance de l'instinct social était démontrée ; il fallait tourner ailleurs les regards. Or, l'erreur qu'on vient de reconnaître, n'est-elle point un gage de la possibilité de trouver le vrai ?

L'énergique spontanéité du sentiment, ses fortes et indépendantes manifestations relevèrent des espérances qui venaient d'être déçues ; la spéculation s'en remit au sentiment et le chargea de prononcer en dernier ressort sur le juste et l'injuste. Le dogme nouveau qu'elle allait proclamer ne devait être ni entièrement vrai ni entièrement faux : il ne devait point être entièrement faux, car les facultés de l'âme concourant toutes à réaliser le juste, le principe le plus élevé des rapports humains ne saurait se trouver en contradiction avec l'une ou l'autre de

ces facultés ; il ne devait point être entièrement vrai, car la hiérarchie psychologique, ainsi que nous le verrons plus
tard, serait complétement intervertie, si le
sentiment usurpait le rang d'un principe
régulateur.

La théorie que nous allons discuter
ne manque point de raisons spécieuses
pour légitimer ses prétentions. Quoi de
plus naturel que de s'abandonner aux
mouvements de l'âme ? Le sentiment moral avec la délicatesse de son tact sera-t-il
un guide moins sûr que tous ces raisonnements contradictoires qui mettent tout
en question ? Si l'on s'en était tenu avec
simplicité aux inspirations du cœur, certes
on eût moins discuté la notion de la
justice, mais on l'eût pratiquée elle-même
davantage.

Il y a de la poésie dans cet appel

fait aux émotions les plus intimes de l'homme. *Sentiment!* parole suave et gracieuse, qu'elle s'échappe de la plume du romancier, ou qu'elle glisse sur les lèvres d'une femme! L'imagination n'a point trouvé de couleurs assez éclatantes, la langue n'a point inventé de sons assez magiques pour rendre l'ineffable bonheur et le charme des souffrances que le sentiment réserve aux adeptes qui embrassent avec zèle la religion du cœur. Il ne nous siérait guère à nous, qui sommes occupé d'une tâche plus sérieuse, de reproduire les mouvements d'éloquence que cette foi inspire à ses prosélytes. De longues et d'amères réflexions sur les hommes et sur les choses ont d'ailleurs brisé en nous les élans d'un enthousiasme naïf, qui se nourrit d'illusions, comme l'enfant transporté de joie à la vue des brillantes couleurs dont étincelle la bulle de savon qu'il vient d'abandonner au souffle du vent. Que de rhéteurs, que de sophistes se sont chargés, du reste, avec plus ou moins de talent et d'adresse, de faire l'apothéose du sentiment, de prêcher l'affranchissement et l'émancipation de tous les liens qui jusqu'ici comprimaient l'essor de l'âme. Prophètes de liberté, ils ont dû, par leurs imprudentes paroles, entraîner tous ceux qui demandent du bonheur aux émotions : par leur doctrine élégante et facile sur l'omnipotence du sentiment, ils ont dû trouver de l'écho chez les femmes et auprès d'une jeunesse neuve, avide de jouissances, généreuse dans ses tendances, mais facile à se payer de mots sonores.

Les principes posés par ces prêtres d'une foi nouvelle sont si élastiques, la

vertu, grâce à eux, devient si accessible,
qu'il suffit presque d'éprouver une passion pour y atteindre; la justice, à leur
sens, n'est plus qu'un laisser-aller au
gré des sympathies et des répugnances
naturelles.

L'on se douterait à peine de l'insi-
nuante flatterie que recèle ce système,
tant elle est adroitement voilée, tant elle
prend soin de poser le sentiment moral
dans toute sa splendeur idéale, et d'en
doter tout le monde! Lors donc que nous
vivrons sur une terre idyllique, rêvée
par l'imagination des poëtes, et que l'ex-
quise délicatesse de tact que la civilisation
la plus avancée développe à peine dans
quelques caractères d'élite, sera tombée
dans le domaine commun, nous pourrons
nous en remettre au sentiment et lui demander la règle de nos actions.

Mais dans le monde, tel qu'il est, il faut y regarder de plus près. Les choses n'y vont pas absolument au gré des humanitaires, et le sentiment n'a pas toujours le caractère chaste et moral que nous serions heureux de ne point devoir lui contester. La source des émotions n'y est pas toujours aussi pure que le prétendent de jeunes et ardentes imaginations. Ajoutons même que les hommes qui ressembleraient à ces natures idéales, n'auraient nul besoin de Droit, et que la discussion sur son essence serait au moins inutile; les mœurs suppléeraient à tout.

Mais prenez les hommes tels qu'ils sont, acceptez les rapports sociaux dans leur réalité prosaïque. Sans vous effrayer des frottements inévitables et journaliers, regardez de près cette lutte dévorante

des passions, cet acharnement des intérêts ennemis aux prises entre eux, et
lorsque vous aurez bien compris le drame
de la vie, allez dire à ces combattants,
couverts de poussière et tout haletants
encore de leur lutte; allez leur dire, si
vous l'osez, de se réconcilier et de chercher au fond de leur âme le sentiment
régulateur de leurs passions. Même en
admettant qu'ils obéissent à votre voix,
en serez-vous plus avancé? Le sentiment
n'est-ce pas le fait le plus individuel? Et
lorsqu'on vous dira : *je sens ainsi, tel
est mon sentiment,* de quel droit sou-
tiendriez-vous le contraire? qui vous
autoriserait à opposer votre sentiment à
celui de votre adversaire? Le sien n'est-il
point d'une valeur égale au vôtre? Vous
comptez les mesurer au degré de leur violence et de leur intensité respectives? mais

dans ce cas encore vous manquerez de tout moyen d'appréciation.

Une fois le sentiment admis comme principe fondamental et régulateur du juste et de l'injuste, la distinction entre les sensations individuelles n'est plus permise. Ce que l'un sent être juste ou injuste, l'autre doit l'admettre. Le sentiment, quel qu'il soit, se trouve légitimé par le fait même qu'on l'éprouve. S'il était encore besoin d'une autre mesure pour en déterminer la valeur, il est évident que le dogme exclusivement basé sur lui se trouverait insuffisant. L'appel au sentiment individuel est dans cette théorie une raison péremptoire dont on ne saurait récuser l'autorité sans renoncer implicitement au principe qui en forme la base. Sans doute le juste et l'injuste perdent ainsi tout caractère de généra-

lité, mais on n'échappe point aux conséquences d'un système. Il faut les subir
toutes, ou bien renoncer au principe
générateur.

Une analyse rapide des diverses manifestations de la faculté de sentir nous
permettra d'apprécier les espérances légitimes qu'elle peut inspirer. Nous saisirons
d'abord cette faculté dans son expression
la plus matérielle, pour la suivre de transformation en transformation jusqu'à sa
métamorphose la plus intellectuelle, en
sentiment esthétique, moral et religieux.

Les sensations sont des modifications
agréables ou désagréables, provoquées
dans l'organisme par des causes matérielles qui se trouvent soit en lui, soit en
dehors de lui. Dans l'un et dans l'autre
cas, les sensations expriment le rapport
dans lequel nos sens se trouvent avec les

objets qui les affectent. On peut considérer l'indifférence comme point de départ; de là les sensations parcourent en
sens inverse une échelle immense pour
aboutir de part et d'autre à l'insensibilité.
L'extrême tension des organes en amène
le relâchement complet; l'excès de la joie
et de la douleur se perd dans l'atonie.

Les sensations pures sont l'effet d'une
nécessité physique. Elles sont déterminées
par l'irritabilité des sens et la puissance
des causes qui agissent sur eux. On pourrait les soumettre à un calcul fort exact,
si les données primitives étaient toujours
suffisamment connues. Les combinaisons
des deux sensations fondamentales sont
infinies : l'impression agréable et désa-
gréable, le plaisir et la douleur, se mêlent
dans des nuances aussi variées que celles
qui résultent du mélange de deux couleurs tranchées.

Les sensations sont transmises au *moi*.
La mémoire en conserve l'image. Le souvenir d'anciennes impressions se réveille
par des sensations analogues. C'est la
base première de l'association des idées.
D'étranges rapports se forment ainsi,
l'imagination s'en empare et le jeu fan-
tastique de ses combinaisons nous laisse
entrevoir l'une des nombreuses transi-
tions qui lient les sensations matérielles
au monde intellectuel. L'on s'est demandé
comment les vibrations produites par des
sensations transmettaient ces dernières
au *moi*, à la conscience que nous avons
de nous-mêmes. Mais la voie par laquelle
l'image des impressions matérielles passe
au foyer intime de l'individualité, la
puissance qui conserve ces impressions
dans la mémoire, la loi par suite de
laquelle elles se réveillent pour ainsi dire

les unes les autres, ce sont là des mystères dont la physiologie n'a pu soulever le voile.

Les sensations mettent le *moi* en contact avec le monde matériel. Ce n'est pas tout; elles servent encore de médium pour porter à sa connaissance les faits immatériels accomplis au dehors de lui. Elles unissent le monde moral au dedans de nous au monde moral en dehors de nous. Dans ce cas la sensation forme pour ainsi dire le corps de la pensée, du sentiment, du fait immatériel qu'elle transmet.

Un cri de douleur frappe l'oreille; la vibration produite dans l'organe de l'ouïe n'est point elle-même la cause de l'élan spontané qui nous porte à secourir celui qui a poussé ce cri; la crainte, la compassion, la douleur et l'espérance qui se succèdent en nous, ne sont point un effet de la modification matérielle que nous venons d'éprouver dans un de nos organes; la sensation ne produit toutes ces émotions qu'en raison du fait immatériel dont elle se trouve être le symbole.

Les sensations pures expriment un rapport matériel déterminé par l'action et la réaction des causes physiques; elles n'ont d'autre liaison avec le monde moral que celle qui résulte de l'abstraction de leurs images, du souvenir que la mémoire en conserve et de la combinaison éventuelle produite par leur association.

Les sensations que nous appellerons symboliques, exercent une double action facile à distinguer; la première, en tout conforme à celle des sensations pures, consiste dans la modification effectuée dans un organe à l'aide d'une cause matérielle. La seconde en diffère essentiellement; ici la cause de l'impression n'est plus matérielle, ce n'est plus le signe, c'est la chose, indiquée par le signe, qui agit; ce n'est plus l'organisme qui reçoit l'impression, c'est l'âme elle-même, et le résultat de cette action n'est plus une sensation, mais un sentiment. Les sensations pures sont toutes matérielles, tandis que l'effet des sensations symboliques est tout moral. L'on ne saurait nier qu'il existe un rapport mystérieux entre le signe et la chose indiquée par le signe. Les sons, les formes, les couleurs considérées comme l'origine des sensations symboliques, se trouvent dans une harmonie merveilleuse avec les sentiments qu'elles réveillent; cependant la parole et les signes qui la représentent, démontrent jusqu'à quel point on arrive à s'affranchir du rapport que nous venons d'indiquer; car les langues, dans leur développement actuel, n'en portent plus que de faibles traces.

La modification produite dans l'âme, c'est-à-dire le *sentiment*, n'est provoquée par la sensation qu'autant que celle-ci sert d'enveloppe à un fait moral, ou que par suite d'une illusion nous animons de notre propre vie morale des objets qui n'en sont par eux-mêmes nullement susceptibles; et nous attribuons ainsi à de simples sensations un caractère symbolique.

Cependant ces affections ne nous arrivent pas uniquement par les impressions que nous recevons du monde extérieur : elles sont provoquées d'une manière plus immédiate encore par les idées dont nous avons une conscience plus ou moins nette. Il arrive même que moins une idée a de clarté, et plus l'émotion qu'elle provoque est forte. Les idées agissent sur l'âme comme les formes sur les sens : plus elles sont vagues et flottantes, et plus est puissante leur action sur l'imagination.

L'homme, dans ses rapports avec ses semblables, est doué d'une grande puissance d'action pour transmettre les affections morales à l'aide du symbole de la sensation. Le regard, le jeu de la physionomie, les gestes, l'intonation de la voix, la parole, les sons, les couleurs et la forme, tout lui sert de moyen pour se mettre en contact avec ses semblables. L'action qu'il exerce par sa pensée partage la durée de la matière qui en porte l'empreinte. La flèche aérienne, qui s'élance gracieuse et légère devant nos yeux, transmet après des siècles d'existence les émotions religieuses qui en inspirèrent la grandiose conception à l'âge d'Ervin de Steinbach.

(143)

Si la sensation symbolique jouit de la puissance exclusive de réveiller le sentiment, il faut, de toute nécessité, admettre l'une ou l'autre des conséquences suivantes : ou bien tous les sentiments produits en nous par des objets doués d'une existence morale et qui ne sont point l'œuvre de l'homme, reposent sur une illusion poétique par laquelle nous prêtons notre propre existence à des êtres qui en sont privés; et, dans ce cas, le sentiment esthétique moral et religieux est le simple reflet de notre âme, que le monde extérieur nous renvoie, comme un miroir reflète notre image; ou bien le monde extérieur est l'expression d'une pensée divine, le symbole qu'un esprit infini, dans sa puissance, dans sa sagesse et dans sa bonté, a posé entre nous et lui comme une révélation incessante des rapports qui doivent élever l'homme vers son Créateur et l'unir à lui par la foi, l'amour et l'espérance; le triple sentiment à l'aide duquel nous montons vers Dieu, n'est que l'émotion inspirée par cette divination anticipée qui précède la connaissance certaine et positive, comme l'éclair du génie précède la démonstration de l'expérience.

Quoi qu'il en soit, que le sentiment nous vienne du monde extérieur, considéré comme le symbole d'une pensée, ou du monde moral en nous, ce qui demeure prouvé, c'est que la modification morale que nous éprouvons n'est point le résultat de la sensation physique, mais l'effet de sa signification : c'est la pensée qu'elle renferme qui nous affecte; le sentiment du juste et de l'injuste n'est donc, en définitive, qu'une impression que nous recevons

par l'idée du juste et de l'injuste, et cette
impression, nous l'éprouvons lors même
que l'idée primitive se trouve voilée ou
enveloppée dans le cas spécial qui nous
frappe. Pour arriver à la connaissance
que nous cherchons à atteindre, il faut
donc nous adresser à la cause et non à
ses effets; c'est à l'idée même qu'il s'agit
de nous élever.

D'élégants moralistes nous indiquent
un chemin moins ardu que ne l'est celui
de la spéculation pour arriver à la connaissance du juste. Les conseils qu'ils
nous adressent sont empreints de bien-
veillance, il y a tant de délicatesse dans
leurs observations et tant d'urbanité dans
leurs paroles! On les écoute avec le plaisir qu'on trouverait à la conversation
calme et facile d'un vieillard spirituel qui
a beaucoup vécu.

Adressez-vous au bon sens, nous disent ces hommes formés par un long usage du monde, consultez le sens commun pour tout ce qui tient au fond des sciences morales, le goût pour tout ce qui concerne leur forme. Une philosophie qui se met de la sorte à la portée de tout le monde, est sûre de trouver aussi facilement des adhérents qu'un dogme inintelligible trouve de sectaires. L'on aime la clarté dans l'une et le mystère dans l'autre. Nous puisons un grand espoir dans des promesses qui nous montrent le but, vers lequel nous tendons, si rapproché de nous et si facile à atteindre.

Quelque modeste que l'on soit, encore a-t-on la prétention d'avoir du sens commun, et chacun peut espérer d'arriver à la connaissance du fond des sciences morales, lorsque le sens commun en est l'unique source : quant à la pureté de la forme, c'est déjà chose plus difficile à acquérir; mais lors même que la pureté de la forme manquerait à la vérité, elle ne serait pas encore sans prix pour cela. L'art et le goût tiennent à des qualités innées. Le tact exquis qui, repoussant toute exagération, choisit à point nommé l'expression la plus vraie et la plus pure, est le résultat d'une foule d'heureuses circonstances.

Cependant de sérieuses difficultés ne tardent pas à se présenter. Qu'est-ce que cette expression un peu vague de sens commun, dont il nous importe de saisir les contours nettement tracés? Nous ne trouvons ni formule, ni définition nette et précise; tout au plus, par l'impression totale que nous laisse l'étude des œuvres de ces moralistes, arrivons-nous à comprendre que le sens commun correspond à l'action simultanée et harmonique des facultés intellectuelles, dans le cercle étroit des besoins du jour et des expériences vulgaires.

Les hommes, sous l'empire de besoins de toute espèce, s'agitent et s'inquiètent toutes les fois que ces besoins ne sont pas satisfaits. Dès que ce but est atteint, ils redeviennent indifférents. L'homme est ballotté entre l'inquiétude et l'indifférence ; or, il emploiera tout d'abord ce qu'on appelle sens commun à pourvoir à ses premiers besoins. Ce résultat obtenu, il lui reste, selon l'expression de Gœthe, à remplir le vide de l'indifférence. Il a suffi du sens commun pour atteindre le but vulgaire ; mais que les besoins s'élèvent au-dessus de ce niveau, qu'ils naissent de tendances idéales, qu'ils prennent racine dans les profondeurs de la nature morale et religieuse, et l'insuffisance du sens commun ne tarde pas à être mise à nu; la vaste région de l'erreur s'ouvre devant l'homme.

Lorsqu'il est question de juger un fait spécial, le sens commun ne fera point défaut à ceux qui en sont doués; il décidera de la justice ou de l'injustice d'une action. Mais il reste muet dès que la question est exposée dans des termes généraux. Le sens commun se développe pleinement dans l'homme bien organisé, il se révèle par une aperception nette de tout ce qui est nécessaire et utile; les hommes pratiques, et les femmes plus encore que les hommes, s'en servent avec beaucoup d'aplomb. Ceux qui en sont dépourvus prêtent à leurs désirs le ca-ractère de la nécessité, à leurs plaisirs celui de l'utilité, et se croient très-justes et très-équitables en intervertissant ainsi les premières notions du sens commun. Les systèmes, on le voit, n'ont point comblé les abîmes de l'erreur. Poursuivons néanmoins notre marche, et quoique dans ce labyrinthe tant de fausses lueurs s'éteignent à nos côtés, ne désespérons point de la lumière éternelle de la vérité.

Devant nous se pose un autre système, conçu avec hardiesse, développé dans tous ses détails avec une logique qui ne recule devant aucune conséquence. Monument remarquable de la réaction des idées contre les formes historiques, terme de comparaison qu'il faut apprécier pour résoudre le problème, toujours nouveau, du rapport entre la théorie et la pratique.

Le système utilitaire résume, avec la

toute-puissance d'un principe supérieur,
les théories que nous avons discutées.
Il ne s'agit point ici d'un éclectisme
stérile et bâtard, qui classe les conséquences de divers principes comme les
échantillons d'un musée. De véritable
philosophie éclectique, il n'y en a point,
tandis que le philosophe peut et doit être
éclectique. Il prend son bien partout où
il le trouve, il se l'approprie par le procédé de l'assimilation, et les principes de
toutes les théories deviennent siens dès
qu'il peut les subordonner au principe
qui forme la base de son propre système.
C'est dans ce sens que la doctrine utilitaire résume les théories que nous avons
analysées.

Tout ce qui est utile est juste; l'utilité
est la seule mesure applicable aux actions
et aux rapports sociaux. Tel est le prin-

cipe fondamental de ce système. Qu'est-ce donc que l'utilité? Pour en trouver les caractères, il faut remonter aux tendances primitives de la nature de l'homme. Or, ces tendances étant invariablement dirigées vers le bonheur, chacun cherchant à s'assurer le bien-être et à repousser le mal-être, l'intérêt personnel bien entendu est le mobile qui fait agir les individus, ainsi que les sociétés en masse. Mais il arrive que les uns et les autres se trompent dans le choix des moyens, et préfèrent une jouissance passagère dont les conséquences sont pénibles, à une peine momentanée dont les suites sont agréables.

De prime abord tout plaisir paraît un bien, toute peine un mal; mais, sans s'arrêter à cette première apparence, il faut avant tout en peser et comparer les suites; car le bien-être se compose seulement d'une somme de bien supérieure au mal. Le bien-être n'exclut pas toujours la peine, tandis que dans le mal-être la balance est décidément en faveur de la dernière. Les instincts, les sensations et le sentiment doivent être réglés par la prudence, qui consiste dans l'appréciation judicieuse des conséquences qu'entraînent pour notre bien-être les actions et les rapports sociaux.

L'utilité fonde, prépare et maintient le bien-être des individus et des sociétés. Avec cette mesure l'on ne sera pas embarrassé de juger les actions, les rapports et les institutions sociales. Les unes et les autres convergent vers le même centre et tendent à réaliser la plus grande masse de bien-être possible. Ce qu'on appelle immoralité, injustice, ce sont les faux calculs de l'intérêt personnel; les jouissances passagères qui en résultent ne se trouvent pas en rapport avec les peines durables qui les suivent.

Les intentions ne méritent point d'être prises en considération : qu'importe une bonne intention qui produit de pénibles résultats; qu'importe une mauvaise intention, lorsque ses effets sont heureux; c'est le fait qui domine. Du reste il y a difficulté sérieuse, sinon impossibilité absolue, d'apprécier les intentions d'une manière certaine; des jugements fondés sur des considérations aussi vagues et aussi douteuses sont eux-mêmes fort incertains, tandis que les actions, les institutions et les rapports sociaux peuvent être nettement appréciés d'après leur utilité.

Cette théorie n'admet donc aucun acte

intellectuel supérieur à la prudence; elle est essentiellement empirique. Les diverses sanctions auxquelles elle soumet le principe souverain qu'elle a posé, n'ont elles-mêmes de réalité qu'autant qu'elles constatent ou qu'elles réalisent *l'utile*.

Il faut admettre des rapports nécessaires et invariablement prédéterminés entre les actions et les effets qu'elles produisent sur le bien-être, ou bien convenir que cette théorie conduit à la négation du juste. Il est de fait que chacun est le meilleur juge de son bien-être et de son mal-être; les idées qu'il s'en forme sont valables quant à lui, mais nullement obligatoires pour les autres. Le *juste*, identifié avec *l'utile*, n'a plus le caractère d'une vérité générale ou absolue. Pour qu'il puisse le reprendre, il faudrait que les effets produits sur le bien-être par les actions en général fussent toujours les mêmes; qu'une nécessité venant du dehors et à la suite de l'expérience, rétablît, dans les jugements des hommes sur cette matière, une incontestable uniformité. Cependant une hypothèse de cette nature n'est point admissible, et l'expérience, à laquelle seule il est permis d'avoir recours lorsqu'il est question de l'utile, contredit formellement une induction aussi hasardée.

Le mal-être n'est point une conséquence nécessaire des actions méchantes et des mauvais penchants. Les calculs du vice ont systématisé les jouissances les plus honteuses et soumis aux règles de la tempérance les écarts les plus dégoûtants dont la nature humaine puisse se souiller. De grands scélérats ont souvent fait preuve d'une extrême prudence, et il en est qui furent assez heureux pour se garantir, à

force d'adresse et de ruses, des conséquences fâcheuses que leurs crimes auraient dû avoir pour leur bien-être[1]. Les
remords vengeurs n'habitent pas toujours
le cœur de l'homme coupable ; la funeste
puissance de tuer jusqu'à la conscience
est un fait bien avéré ; et qu'est-ce que
la sanction religieuse pour l'athée ? un
mot dont il se rit, un vain fantôme, qui
trouble à peine ses rêves.

Il n'est pas même donné à la théorie
utilitaire de classer les différents modes
du bien-être selon leur cause efficiente ;
car il suffit que la somme des peines soit
inférieure à la somme des plaisirs pour que
l'utilité soit démontrée ; dès lors, qu'im-

1 *Auf dass wir nicht in der Sichtbarkeit das Ganze
unsers Lebens suchen, ist der Richterstuhl über List und
Gewalt jenseit des Grabes.*
J. MÜLLER.

porte la nature des plaisirs ou des peines?
Ce sont là de subtiles distinctions, reje-
tées comme toutes ces belles inutilités
auxquelles on a donné le nom de vertu,
de conscience, de moralité.

Le système utilitaire n'eut d'autres effets
que ceux qu'entraînera toujours l'énon-
ciation d'une idée générale effectuée sans
aucune intelligence de l'élément historique; c'est dire assez qu'ils furent essentiellement révolutionnaires. La déduction
logique des dernières conséquences du
principe posé en est le principal mérite;
aussi le système les a-t-il rigoureusement
poursuivies dans la morale, la législation
et la politique. S'inquiétant fort peu de
l'histoire, qu'il méprise comme la fasti-
dieuse nomenclature des erreurs de l'humanité, nullement embarrassé par les
exigences idéales qu'il traite d'idéologie,

à la façon du grand conquérant moderne,
il s'en tient nettement aux effets et transforme le fait en droit.

La faculté intellectuelle à laquelle le
système utilitaire s'est exclusivement
adressé, en lui accordant la domination
sur toutes les autres facultés, est cette
action de l'intelligence que les philosophes
allemands ont cru devoir désigner par
l'expression spéciale d'entendement (*Verstand*). Une analyse rapide de cette faculté nous donnera la mesure du système
dont elle forme la base, et nous mettra
à même d'examiner s'il est permis d'y
trouver l'extrême limite des facultés intellectuelles, et par conséquent celle des
idées.

Les impressions que reçoivent les sens,
sont transmises à la conscience par l'action des fluides médullaires et des nerfs.

Arrivées au foyer intellectuel par des voies jusqu'à présent inexpliquées, les aperceptions sensuelles se trouvent soumises à l'action de l'entendement (*Verstand*), qui compare les sensations, sépare leurs qualités accessoires et réunit dans une idée générale (*Begriff*) les caractères communs à plusieurs objets. C'est là l'abstraction. Elle peut être appliquée aux idées générales, jusqu'à ce que celles-ci ne renferment plus qu'un seul caractère, commun à tous les objets, celui de l'*être* en général. Il en résulte que plus une idée devient générale, et plus elle devient vide. A chaque degré de transformation, la généralisation la dépouille de quelques-uns de ses caractères pour ne lui conserver que ceux qui lui sont communs avec tous les objets qu'elle résume. L'abstraction, loin d'être un signe de la puissance intellectuelle de l'homme, est au contraire l'indice de sa faiblesse. L'intuition simultanée des objets individuels que résume l'idée abstraite, serait fort supérieure à celle-ci.

Les conséquences qui résultent des sensations, sont souvent en sens inverse de leur impression première. Les règles qu'en tire l'entendement, constituent la prudence, la connaissance de l'utile et du nuisible. L'abstraction ne conduit pas à elle seule à ce résultat; il a fallu comparer les idées générales, en tirer des conclusions, les juger dans leurs rapports réciproques.

L'entendement exerce une triple action : il compare, il abstrait, il juge. Ces opérations s'exercent sous l'empire de deux formes générales de la pensée, le temps et l'espace; elles sont enfin soumises à l'empire des lois de l'entendement ou des lois logiques, que l'on a résumées dans les formules suivantes : 1) principe d'identité (*principium identitatis*) A = A; 2) *principium contradictionis seu repugnantiæ* A = *non* A = O; 3) principe de l'exclusion d'un terme moyen entre deux choses contradictoires (*principium exclusi medii seu tertii inter duo contradictoria* A *aut* = B *aut* = *non* B); 4) *principium rationis sufficientis.*

Si nous considérons les éléments sur lesquels l'entendement opère, nous les trouvons exclusivement fournis par l'expérience. Ce sont les sens qui donnent la matière à laquelle s'applique la puissance de comparer, d'abstraire et de juger. Lorsque ces opérations sont exécutées d'une manière conforme aux lois de l'entendement, elles produisent la vérité dialectique ; la violation de ces mêmes lois constitue l'erreur dialectique. L'une et l'autre ne se rapportent qu'à la forme, nullement au fond du raisonnement. L'argumentation peut se trouver en tout point conforme aux lois de l'entendement; et de leur côté, les données de l'expérience sur lesquelles opère cette argumentation, pourront être fausses et incomplètes.

Les limites de l'entendement ainsi posées, nous nous demandons s'il appartient à cette faculté de nous initier à la connaissance du juste. C'est chose certaine, que l'abstraction, la comparaison, le jugement, ne peuvent tirer des éléments sur lesquels ils opèrent que ce que ces éléments renferment, soit en eux-mêmes, soit dans leurs rapports entre eux ou avec l'homme.

L'on conçoit de quelle manière l'entendement parvient par voie d'abstraction à formuler les règles de la prudence, par quel procédé il arrive à la connaissance de l'utile, du nuisible, comment enfin, lorsque l'observation des phénomènes est complète, il peut en déduire les lois qui les régissent. Toute cette série de vérités repose sur les données de l'expérience. Aussi l'idée du juste et de l'injuste s'est-elle perdue dans le néant, toutes les fois qu'on en a cherché la connaissance à l'aide de l'entendement et qu'on a voulu assimiler à une idée absolue les données de l'expérience.

L'entendement ne peut s'élever par aucun effort au delà des aperceptions que lui fournit le monde extérieur. Les motifs par lesquels il agit sur la volonté, sont tous puisés dans l'empirisme, et par cela même ils manquent du caractère de généralité que l'on exige d'un principe. En d'autres termes, l'entendement arrive à des maximes, mais ne s'élève à aucune loi. Il a pour limite ce qui est, il peut généraliser les jugements d'après les données de l'expérience; mais lorsqu'il s'agit de déclarer d'une manière absolue et générale ce qui doit être, il faut de toute nécessité appliquer une mesure fournie par une faculté intellectuelle indépendante dans son action de toute réalité matérielle.

Sans revenir sur les observations générales déjà énoncées, nous rappellerons seulement que les métaphysiciens les plus profonds ont reconnu à l'intelligence le droit de trouver dans sa propre essence la loi morale sous laquelle devait se ranger la volonté de tout être doué de raison et désireux de mettre ses actions en harmonie avec les principes sur lesquels repose l'ordre universel.

Voici en quels termes le rationalisme le plus avancé a formulé les résultats de ses méditations sur là loi fondamentale de la morale, qui se trouvera être en même temps la base du juste.

Nous nous servons à dessein des propres expressions de Kant, qui est encore aujourd'hui le représentant le plus puissant du système que nous abordons :

« Agis de telle manière que les maximes « qui déterminent ta volonté puissent va- « loir en même temps comme principes « d'une législation générale. L'intelligence « pure (*reine Vernunft*) est nécessaire- « ment pratique et fournit à l'homme « une loi générale qu'on appelle la loi « morale. Le fait qui vient d'être exprimé « est incontestable. Il suffit de décomposer

« le jugement que les hommes portent

« sur la légalité de leurs actions, pour

« se convaincre de l'incorruptible action

« de l'intelligence par laquelle, en vertu

« de sa propre essence, elle compare les

« maximes qui agissent sur la volonté,

« avec la volonté pure (*dem reinen Wil-*

« *len*), c'est-à-dire avec l'intelligence

« elle-même considérée comme pratique

« (*a priori*). La puissance des penchants,

« les insinuations des passions, ne peu-

« vent jamais anéantir l'action intellec-

« tuelle que nous venons d'indiquer. Ce

« principe de morale a un caractère de

« généralité législative qui le rend propre

« à devenir la raison supérieure, déter-

« minante et formelle de la volonté, et

« c'est à cause de ce caractère que l'intel-

« ligence le pose comme une loi à laquelle

« tous les êtres doués d'intelligence se

« trouvent soumis. Il faut admettre, bien
« entendu, que ces êtres ont une volonté,
« c'est-à-dire la faculté de déterminer leur
« causalité au moyen de règles, et qu'en
« conséquence ils peuvent assujettir leurs
« actions à des principes en général et
« au principe pratique *a priori* en par-
« ticulier; car ces derniers impliquent
« seuls ce caractère de nécessité que l'in-
« telligence exige d'un principe. Le prin-
« cipe fondamental de la morale n'est
« point limité dans son action à l'homme;
« il s'étend au contraire à tous les êtres
« finis qui sont doués d'intelligence et
« de volonté; il embrasse même dans sa
« sphère l'Être infini considéré comme
« Intelligence suprême. Il y a toutefois
« cette différence, que le principe fonda-
« mental, dans son action sur les êtres
« finis, prend la forme d'un commande-

« ment (*eines Imperatifs*). La raison en
« est que ces êtres, quoique doués d'une
« volonté pure, sont aussi soumis à l'ac-
« tion des sens et des besoins qui en
« dérivent; que l'on ne saurait donc leur
« reconnaître une volonté sainte, c'est-
« à-dire une volonté qui, de sa nature,
« se trouve dans l'impossibilité d'avoir à
« lutter contre l'influence d'autres maxi-
« mes déterminantes. La loi morale agit
« en eux sous forme impérative, et elle
« commande d'une manière catégorique,
« car la loi est absolue. Le rapport dans
« lequel la volonté se trouve dans les êtres
« finis (*endliche Wesen*) avec la loi
« morale, est un rapport de dépendance,
« caractérisé par une contrainte intellec-
« tuelle qui impose le devoir aux actions;
« car le vouloir, dans ses affections pa-
« thologiques, peut être influencé par des

« motifs personnels et opposé au motif
« déterminant objectif et pur (*dem reinen*
« *objektiven Bestimmungsgrund*). Il naît
« de cette manière un conflit, une oppo-
« sition de l'intelligence pratique, qui
« rend la contrainte morale nécessaire.

« La loi morale, considérée dans son
« action sur l'Intelligence suprême, qui
« se suffit à elle-même, ne saurait pro-
« voquer le conflit qui vient d'être indi-
« qué; en elle on ne saurait imaginer
« un vouloir susceptible d'être déterminé
« par d'autres maximes que celles qui
« sont en même temps la loi générale
« et objective de l'intelligence. Une telle
« volonté s'appelle une volonté sainte;
« elle n'est pas au-dessus des lois de l'in-
« telligence pratique, mais elle est affran-
« chie de toute contrainte; pour elle plus
« de devoir, plus d'obligation; sa volonté

« et son intelligence se trouvent dans une
« harmonie que rien ne saurait altérer.
« La sainteté de la volonté est un idéal
« dont les êtres finis peuvent et doivent
« se rapprocher indéfiniment.

« L'autonomie de la volonté est l'uni-
« que principe des lois morales et des de-
« voirs qui leur sont conformes. L'hétéro-
« nomie du vouloir ne fonde aucune obli-
« gation, et se trouve en opposition non-
« seulement avec les obligations morales,
« mais encore avec la moralité de la vo-
« lonté elle-même. Le principe unique de
« toute morale est fondé, d'une part, sur
« l'indépendance de toute matière de la
« loi morale, c'est-à-dire de l'objet de-
« mandé ; d'autre part, sur la détermina-
« tion du vouloir par la forme générale
« et obligatoire dont toute maxime doit
« être susceptible pour se transformer

« en loi. Cette indépendance constitue la
« liberté négative, comme l'autonomie,
« dont nous venons de parler, constitue
« la liberté positive. Ainsi la loi morale
« n'exprime autre chose que l'autonomie
« de l'intelligence pratique et pure, c'est-
« à-dire la liberté, qui se trouve être la
« condition formelle de toutes les maxi-
« mes, sous l'empire de laquelle elles peu-
« vent concorder avec la loi fondamentale
« que nous avons posée ci-dessus. »

Dans un autre de ses ouvrages, Kant
s'exprime de la manière suivante : « Les
« lois morales n'ont de valeur que lors-
« qu'il est possible d'en avoir une con-
« naissance *a priori* et qu'elles impliquent
« l'idée d'une nécessité. Si nos idées ou
« les jugements que nous portons sur
« nous-mêmes sont basés sur les données
« de l'expérience, les unes et les autres

« n'ont aucun caractère éthique. Si par
« hasard on cède à la tentation d'élever
« les maximes puisées à cette source au
« rang d'un principe de morale, l'on
« peut se dispenser d'une démonstration
« *a priori*. La doctrine du bien-être, avec
« laquelle la morale se trouve dès lors
« confondue, est basée sur des maximes
« abstraites de l'expérience ; les soi-disant
« raisonnements *a priori* sur cette matière
« ne sont que des inductions tirées des
« faits et généralisées par l'entendement.
« Les principes de morale ont un carac-
« tère tout différent. Ils commandent à
« tous et à chacun, sans s'inquiéter des
« penchants de l'intérêt personnel ou des
« avantages qu'il veut obtenir. Ils sont si
« bien indépendants de toute expérience,
« que l'intelligence règle la manière d'agir,
« lors même qu'il n'existerait aucun pré-

« cédent pour les actions qu'elle impose.
« Il n'est personne qui n'ait une idée plus
« ou moins nette de cette métaphysique
« morale, car tout homme est doué d'in-
« telligence et de liberté. Il est vrai qu'il
« faut recourir à l'étude de l'homme, de
« ses rapports et de ses besoins, pour
« déterminer la juste application des con-
« séquences qui découlent de la loi su-
« prême de la morale. »

L'examen des conditions nécessaires à la réalisation extérieure du droit nous conduit à considérer l'idée du juste (*quid sit justum, non quid sit juris*) comme l'essence constitutive de toute règle obligatoire. Nous avions démontré l'impossibilité de l'envisager comme une forme de contrainte arbitraire, n'ayant d'autre titre que la volonté du pouvoir législatif, et ne puisant son autorité que dans

la force exécutive. Le droit, en opposition directe avec l'idée du juste, avons-
nous dit, est un non-sens; privé de toute
sanction morale, il porte en lui-même le
germe de sa destruction. Pour compléter
nos recherches sur la nature du droit, il
restait à nous rendre compte du juste et
de l'injuste, en remontant à la source de
ces idées, et en examinant les principes
sur lesquels se sont appuyés les divers
systèmes philosophiques qui se sont proposé la solution du même problème. Nous
avons fait de la psychologie avec les éléments que nous fournissait l'histoire de
la philosophie, et nous avons pris soin
de classer ces principes conformément à
la faculté intellectuelle dont l'action prédominante leur imprimait son cachet. La
comparaison de ces résultats avec les exigences qui dérivaient de l'idée du juste,

nous a servi pour remonter à la cause de l'insuffisance de ces systèmes. C'est en suivant cette marche que nous avons fini par nous trouver sur le chemin de la philosophie critique.

Ceux qui se sont appliqués avec conscience à l'œuvre souvent ingrate de démêler la vérité dans le tissu bizarre des opinions humaines, comprendront le plaisir que nous avons éprouvé à étudier et à suivre des déductions dont le mérite éminent est d'avoir donné une base inébranlable à la morale. L'origine commune de celle-ci et du droit nous semblait un principe désormais au-dessus de toute contestation. Par l'analyse de nos facultés intellectuelles nous pensions toucher à un résultat important et entrevoir déjà la genèse de la morale et du droit; mais notre attente fut trompée : la théorie de

Kant sur le droit ne satisfit point les espérances que la critique de l'intelligence
pratique nous avait fait concevoir.

Sans contester la vérité des déductions
générales qui se trouvent formulées dans
la métaphysique du droit, nous nous
contenterons d'en faire ressortir l'insuffisance. D'après Kant, le rapport juridique se distingue du rapport moral par
la possibilité de la contrainte; mais la
contrainte n'est applicable qu'aux actions
extérieures : les actes intérieurs de l'âme
lui échappent. L'on ne peut contraindre
quelqu'un à se proposer un but, pas plus
qu'on ne peut exiger que les actions soient
faites en raison de ce but. Le rapport
juridique se borne donc à l'influence des
actions d'une personne à l'égard d'une
autre; il constitue un rapport essentiellement extérieur. Le droit, considéré comme

la règle obligatoire de ces rapports, est l'ensemble des lois pour lesquelles existe la possibilité d'une législation extérieure. Le fondement le plus solide des rapports extérieurs qui peuvent exister entre les hommes, se trouve dans la liberté des actions, et celle-ci étant réciproque, en tant que chacun peut l'invoquer au même titre, le droit peut être défini comme l'ensemble des conditions d'après lesquelles la liberté d'action (*die Willkühr*) de l'un peut se concilier avec la liberté d'action de l'autre. La liberté d'action et la contrainte qui en limite l'usage, sont conciliées de la manière suivante : « La résis-
« tance opposée à l'obstacle que rencontre
« un effort, tourne au profit de ce der-
« nier. Ce qui est contraire au droit peut
« être assimilé à un obstacle que rencontre
« la liberté d'action subordonnée à la loi

« générale de la liberté; or, si tel usage
« de la liberté d'action devient lui-même
« une entrave à la liberté, qui se trouve
« en harmonie avec la loi générale, la
« résistance qui lui est opposée dans le
« but de la faire disparaître, se trouve
« par cela même conforme à la liberté
« d'action d'après la loi générale, c'est-à-
« dire conforme au droit. »

Ces déductions nous ramènent à notre
point de départ, et confirment ce que
nous disions des conditions nécessaires à
la réalisation extérieure du droit. La formule de Kant épuise l'idée du droit quant
à sa forme; mais la stérilité en est cho-
quante, lorsqu'on essaye d'en déduire les
principes mêmes du droit.

Nous sommes encore à nous demander
comment ce philosophe s'y est pris pour
tirer de cette abstraction purement logique

la règle des divers rapports tels qu'il les expose dans la métaphysique du droit. Le principe fondamental étant négatif, l'on conçoit la possibilité d'y trouver le *criterium* de ce que le droit ne doit point être; mais l'on ne comprend plus de quelle manière il faut s'en servir pour y rattacher les principes positifs de cette science. Entre la formule de la non-lésion de la liberté d'action, par exemple, et les droits et les obligations qui naissent du mariage, des conventions, etc., se trouve un abîme infranchissable.

La doctrine à laquelle Kant a donné le nom de principes métaphysiques du droit, n'est qu'un résumé de la législation romaine sous une forme abstraite et dégagée des dispositions qui tiennent à des particularités nationales et historiques.

(181)

Analyse, Synthèse, Hypothèse.

Du moment où l'homme a cherché a se rendre compte des phénomènes de la nature physique et morale, il s'est servi de trois procédés distincts, dont on peut suivre la trace fort avant dans l'histoire. Ce sont l'analyse, la synthèse et l'hypothèse.

L'analyse accepte l'objet de la science comme un tout, et cherche la notion de l'ensemble par l'étude des détails. Analyser une chose, c'est la décomposer dans ses éléments.

La synthèse unit ce que l'analyse a décomposé, elle reconstitue le tout, non pas à l'aide d'une juxtaposition de ses parties, mais par un acte de génération intellectuelle qui reproduit dans leur unité vivante l'ensemble des éléments fournis par l'analyse.

Sans une synthèse primitive et divine il n'y a pas d'analyse possible; sans analyse complète la synthèse humaine n'est pas possible non plus. Entre l'un et l'autre de ces procédés il n'y a donc pas d'opposition, il faut au contraire qu'ils s'appuient l'un sur l'autre et qu'ils se suppléent respectivement. Quelle est donc la cause de leur hostilité dans l'histoire de toutes les sciences?

L'analyse habitue ceux qui s'en servent à considérer comme réelles des distinctions scientifiques; l'étude des détails détourne de la généralisation, et il arrive qu'à force de décomposer l'on finit par s'imaginer que c'est dans ce procédé que consiste toute la science.

La synthèse a d'autres inconvénients. L'esprit, impatient de ramener l'unité dans la variété de ses connaissances, se

laisse aller à une généralisation préma-
turée; des données incomplètes condui-
sent à de faux principes. Bientôt l'unité
du système se trouve en opposition avec
de nouveaux éléments que l'analyse a
découverts. De là l'hostilité de deux mé-
thodes qui se suppléent lorsqu'elles se
maintiennent dans un juste rapport l'une
à l'égard de l'autre, mais qui se contre-
disent dès que cet équilibre est rompu.

L'analyse et la synthèse se proposent
l'une et l'autre un but idéal, la connaissance de la synthèse divine. Ce but ne
sera jamais atteint, mais l'homme peut
s'en rapprocher indéfiniment.

L'orgueilleuse intelligence s'est trouvée
blessée de rencontrer ainsi une limite infranchissable, qui recule lorsqu'on croit
la toucher du doigt. Humiliée de cet
obstacle, elle s'est posée l'égale de l'in-

telligence divine ; assimilant sa pensée finie à la pensée infinie, elle en est venue à se persuader que l'Être et la pensée étant identiques dans Dieu, il devait en être de même pour l'homme. L'univers étant l'expression de la pensée divine et celle-ci étant de même nature que la pensée humaine, ce que l'une avait eu la puissance de créer, l'autre devait avoir la puissance de le reconstruire par un acte intellectuel analogue à l'acte intellectuel de la création.

Nous appelons hypothèse, cette audacieuse tentative de construire par l'enchaînement dialectique du raisonnement la synthèse divine.

De tout temps l'hypothèse s'est annoncée à grand bruit comme le seul système vrai ; s'emparant de quelques idées élémentaires, elle s'en est servie comme

les mathématiciens se servent d'axiomes;
mais prétendant tout expliquer, elle a
toujours été impuissante à s'expliquer
elle-même. Ces téméraires constructions
dialectiques peuvent être comparées à
une espèce de mirage intellectuel, dont
les formes grandioses et monumentales,
effets d'une illusion d'optique, ne reposent sur aucune base solide.

Mais si l'hypothèse n'atteint jamais le
but idéal qu'elle se propose, il n'en est
pas moins vrai que l'espoir immense
qu'elle inspire pousse à des efforts intel-
lectuels qu'aucun autre stimulant n'eût
provoqués. Il y aurait injustice à ne point
reconnaître que toutes les sciences lui
doivent de nombreux progrès.

Les philosophies de l'Orient renferment le type le plus ancien des constructions dialectiques de Dieu, de l'âme et

du monde. Platon et les néoplatoniciens reflètent ces données primitives, l'un avec toute la pureté du génie grec, les derniers en les enveloppant de nuages mystiques.

Baruch Spinoza, issu d'une antique tribu orientale et nourri dans sa jeunesse des subtilités spéculatives du rabbinisme, devint, au dix-septième siècle, le restaurateur de la philosophie hypothétique. Ce penseur solitaire, qui unissait un caractère élevé à un génie transcendant, construisit, à l'aide de quelques données hypothétiques, un système panthéistique qui reste inattaquable dès que l'hypothèse sur laquelle repose toute sa démonstration rigoureuse est concédée. Cette hypothèse consiste dans la réalité attribuée à l'abstraction la plus élevée. Or l'abstraction, poussée à ses dernières limites, arrive nécessairement à l'idée générale de l'Être en lui-même. La notion de l'être, donnée avec l'idée même, est donc absolue (*causa sui*). L'être (c'est-à-dire la pensée la plus abstraite et pour cela même la plus vide) est posé comme substance unique, infinie, Dieu. Elle est la substance douée des attributions de l'extension de la pensée infinie. Elle est éternelle, elle n'a ni commencement ni fin. Elle est la base de toutes les modifications désignées sous le nom de créature. La nature est dans Dieu et par Dieu; ce qu'on appelle corps, c'est un mode de l'extension infinie; ce qu'on nomme intelligence, c'est un mode de la pensée infinie. Toutes les choses se développent de la substance, c'est-à-dire de Dieu, par suite d'une nécessité et en vertu des lois inhérentes à son essence.

Toutes les choses finies étant dans Dieu, aucune d'elles cependant n'est Dieu (au-

cune individualité n'équivaut à l'abstraction considérée comme une réalité). La
substance étant une, son action n'est
limitée par aucune autre. En Dieu, la
nécessité et la liberté se confondent. En
déduisant les conséquences de ces principes, il en résulte qu'il n'y a plus qu'un
enchaînement nécessaire de causes et
d'effets, modes des attributions infinies
de la substance; et la morale, que Spinoza appelle la théorie de la liberté et
de l'esclavage de l'âme, n'est plus que la
tendance nécessaire par suite de laquelle
les deux modes des attributions infinies
de la substance se rapprochent de l'unité
de celle-ci, par l'intelligence et la conscience que l'âme en acquiert.

A côté du panthéisme de Spinoza se
place l'idéalisme de Fichte, modifié plus
tard par l'influence des opinions de Schel-

ling. L'hypothèse de Fichte peut se résumer en ces termes. Le *moi*, c'est l'activité absolue. Les choses en dehors du *moi* en sont le produit ; elles existent par un acte du *moi*, que la réflexion reçoit et fixe : c'est l'acte créateur de la conscience que l'homme a de soi-même et du monde extérieur. *Le moi est moi*, tel est le principe fondamental de toute science et de toute philosophie. *Le moi suppose un non-moi;* réfléchissant alors sur soi-même, il se trouve limité dans son activité absolue par un non-moi, c'est le moi intelligent (*intelligentes Ich*), ou bien il détermine le non-moi, c'est l'activité libre absolue du *moi* (*absolut freies praktisches Ich*).

Fichte s'était proposé de déterminer, à l'aide de cette hypothèse toute gratuite, le rapport des idées avec leur objet, et de concilier la liberté de l'homme avec la nécessité des lois de la nature : pour y réussir, il annihile le monde extérieur. Mais en voulant rattacher la morale à son hypothèse, il a besoin de reconstituer la réalité du monde extérieur par la foi, et lorsqu'il essaye de construire l'idée du droit, il lui faut une hypothèse supplémentaire. *L'homme, considéré comme un être doué d'intelligence, ne peut se reconnaître comme tel qu'en reconnaissant à d'autres êtres le même caractère.* La conscience qu'il acquiert de sa nature intellectuelle par celle des autres, lui impose l'obligation de limiter l'usage de sa volonté et de respecter la liberté des autres.

Le caractère religieux de Fichte, son patriotisme, son enthousiasme pour la vérité, lui ont inspiré de nobles pensées qu'il a su exprimer avec éloquence, et la richesse des idées qui brille dans ses ouvrages philosophiques fait oublier la pauvreté de son hypothèse, car si l'on se demande comment il se fait que le *moi* se trouve dans la nécessité de s'opposer un *non-moi* qui en limite l'activité absolue, ou bien comment il est possible qu'un simple acte du *moi* paraisse être une réalité, tandis que d'autres actes de même nature conservent le caractère de simples idées, il n'y a plus de réponse rationnelle possible.

Schelling s'est posé comme médiateur entre l'idéalisme transcendant et la philosophie de la nature (*Naturphilosophie*). La philosophie transcendante a pour point de départ le *moi;* elle en déduit le monde extérieur, la variété, la nécessité, la nature. La philosophie de la nature a pour point

de départ la variété, la nécessité, la nature, et elle en déduit le *moi*. L'une et
l'autre de ces théories considèrent comme
identiques les facultés intellectuelles et les
forces de la nature. Mais l'idéalisme échoue
dans sa tentative d'expliquer la variété,
tandis que la philosophie de la nature
n'arrive jamais à l'unité absolue. Il n'appartient qu'à une philosophie supérieure
de faire concorder ces théories. L'essence
de toute science réside dans l'identité du
sujet et de l'objet; mais cette identité ne
devient possible que lorsque l'*identité
absolue* de l'identité et de la non-identité
est admise comme principe fondamental.
Cette pensée résume l'essence de l'absolu,
Dieu. Il n'y a que l'intelligence absolue
qui connaisse l'absolu; elle est l'indifférence totale du sujet et de l'objet, l'intuition. L'*absolu* implique l'unité de l'être

(193)

absolu et du savoir absolu. Toutes les oppositions désignées par les expressions de sujet et d'objet, de savoir et de nature, de réalité et d'idéalité, etc., cessent et se fondent dans l'absolu. Le *fini* (*das End-liche*), l'*individuel* est une émanation de l'*Éternel;* ce sont les formes de l'*Être absolu* tel qu'il se révèle précisément en cette occurrence. Rien n'existe sans participer à l'être de Dieu; car tout est dans l'unité, et l'unité est tout.

« La création, dit Schelling[1], n'est pas
« un événement (*eine Begebenheit*), mais
« un acte (*eine That*). Il n'est point d'en-
« chaînement d'effets produit par des
« lois générales. Il n'y a que Dieu (c'est-
« à-dire, la personne de Dieu est la loi la
« plus générale), et tout ce qui arrive est
« l'effet de la personnalité de Dieu, et non

1 *Abhandlung über die Freyheit.*

« le résultat d'une nécessité abstraite. »

Si nous en croyons les disciples de Schelling[1], l'idée de la personnalité de Dieu donne la clef de son système. La liberté de Dieu, et non l'abstraction d'une nécessité, est la cause finale de toute chose. L'unité est en même temps variété, l'immuable est mobile; c'est une contradiction : il faut la résoudre. Mais la solution est trouvée, dès que l'on admet la durée d'un sujet qui se maintient à travers tous les changements que ses qualités éprouvent. Ce sujet, c'est la personnalité, qu'aucun changement ne saurait détruire. Le progrès est le principe de toute créature; ses facultés ne lui sont révélées que par le développement de ses dispositions primitives (*ursprüngliche Anlage*). Mais la liberté,

1 Stahl's *Rechtsphilosophie.* — *Ueber Gegensatz*, *Wendepunkt und Ziel heutiger Philosophie*, von J. T. Fichte.

la personnalité, accordées ainsi à la créature, doivent l'être aussi au Créateur. Ce qui est vrai pour l'individu, est vrai pour l'univers tout entier, et la variété qui s'y manifeste se rapporte à un sujet indépendant; mais la conscience qu'on a de soi-même, c'est précisément cette unité; le sujet, c'est-à-dire l'unité de l'univers, n'est autre chose que la personnalité de Dieu.

La création doit être considérée comme un acte libre; c'est par elle que la volonté, *une et consciente d'elle-même*, reçoit des déterminations qui ne tiennent point à son essence, qui sont quelque chose en dehors d'elle, c'est-à-dire son produit. Le monde est en dehors de Dieu; mais il n'est point indépendant de Dieu; il ne pourrait exister, si à chaque instant Dieu ne le voulait de nouveau.

L'univers est, parce que Dieu est Dieu sans être le monde. Dieu a créé le monde sans être soumis à la nécessité de le créer.

L'intuition est la faculté par laquelle l'âme arrive à la connaissance des actes de la divinité ; c'est la force intellectuelle *a priori;* l'homme en est doué, parcequ'il est créé pour être une partie intégrante de l'harmonie de l'univers ; l'intuition est, pour ainsi dire, l'effet d'une sympathie entre l'homme, la nature et les événements. Ce que l'âme reconnaît par l'intuition, est réel ; elle le sait avec la certitude que donne la foi, et non avec la certitude fournie par la démonstration.

La philosophie se revêt ainsi d'un caractère essentiellement historique : c'est la connaissance des actes de Dieu dans l'univers, et cette connaissance est acquise par l'intuition.

L'hypothèse audacieuse, mais sublime, de Schelling, plane dans les régions les plus élevées de la spéculation. Des contradictions avaient arrêté l'essor de la pensée, et d'un bond elle les a toutes franchies; la puissance intuitive de l'âme ne rencontre plus de barrières, plus d'obstacles; l'espoir immense de tout connaître, de tout savoir doit se réaliser pour elle. L'homme et l'univers émanent tous deux de la volonté de Dieu, ils n'existent, ils ne durent que par l'acte incessant et libre de la personnalité infinie; mais l'unité de cette pensée se reproduisant dans l'harmonie de la création, la mystérieuse sympathie entre l'homme et l'univers, la personnalité de la créature et la personnalité du Créateur sont expliquées, et cette sympathie devient la source inépuisable de tout savoir.

Mit dem Genius steht die Natur in ewigem Bunde :
Was der eine verspricht, leistet die andre gewiss.[1]

Les sciences perdent ainsi leur caractère fragmentaire pour s'unir dans le but commun à toutes, à la science des actes de Dieu. L'histoire, la philosophie, les sciences naturelles, le Droit, la religion, ne sont que les rayons d'une même lumière : elles ont toutes un seul et même principe, un seul et même objet, la personnalité de Dieu; « elle est le système « le plus complet, le système primitif « (*das Ursystem*), et il n'y en a pas « d'autre en dehors d'elle. »

L'hypothèse de Schelling plane dans les régions les plus élevées; mais comment arrive-t-elle à cette hauteur? La nature, l'histoire, l'homme, tout est expliqué par des données sur l'essence de Dieu, sa

---

1 Schiller.

personnalité, son action; mais nous igno-
rons quelle puissance a initié l'intelligence
de l'homme dans ces mystères : l'analyse
ne trouve aucune place dans ce système,
la démonstration est reniée, nous conce-
vons l'intuition comme un moyen dont
l'intelligence se sert pour se connaître
elle-même; mais l'intuition dont la créature est douée, comment devient-elle
l'intuition de l'essence de Dieu, de sa
personnalité, de l'identité absolue?

Non-seulement cette hypothèse ne s'explique point elle-même, mais elle laisse
encore sans solution d'autres questions
que nous ne faisons qu'indiquer. Si la
création est un acte libre et sans cesse
renouvelé de Dieu, comment la liberté
et la nécessité peuvent-elles s'allier en
Dieu? que devient la base éternelle de la
création, que le mysticisme le plus élevé

n'a jamais osé nier? quelle est la réalité positive des personnalités finies et des individualités qui constituent la nature? Elles s'abîment pour ainsi dire dans des actes incessants de création pour renaître sans cesse.

Le système de Hegel est basé sur l'hypothèse de l'identité absolue de la *pensée* et de l'*être*.[1]

Le développement de Dieu à travers toutes les évolutions (dialectiques et réelles tout à la fois) pour devenir intelligence absolue et consciente d'elle-même, tel est le contenu du système de Hegel et, selon lui, de toute philosophie. L'idéalisme absolu (c'est le nom qu'il donne à cette science) est la conscience la plus pure que Dieu a de soi-même. Le procédé dialectique consti-

---

1 V. les ouvrages de Hegel, Fichte, *l. c.* — Willm, Essai sur la philosophie de Hegel.

tue la nature dans l'idée de l'intelligence absolue; il est identique avec l'action de Dieu dans l'univers. L'histoire de la philosophie est la philosophie elle-même. L'on pourrait appeler cette dernière la théogonie en tant qu'elle résume la série des actes par lesquels Dieu devient intelligence absolue et consciente.

La connaissance que nous avons de Dieu est la connaissance que Dieu a de soi-même. L'Être absolu est tout à la fois la science et l'objet de la science. Dieu pense en nous, et c'est dans l'homme qu'il arrive à la conscience de soi-même. La philosophie est l'acte même par lequel Dieu acquiert la connaissance suprême de sa propre essence. Mais ce résultat n'est obtenu que lorsque l'*idée absolue* ou l'*Être absolu*, c'est-à-dire Dieu, a développé sa conscience à travers toutes les phases d'opposition et d'harmonisation qui se trouvent dans la nature, dans l'âme et dans l'univers.

La logique résume les oppositions qui se trouvent dans la forme abstraite de l'Éternel et du fini, de la généralité et de l'individualité, de la pensée et de la réalité, pour les unir dans la définition de l'absolu telle qu'elle est possible dans cette première phase de la philosophie.

L'absolu, c'est l'idée qui se réalise à l'infini (*die Idee welche sich unendlich verwirklicht*). L'idée et la réalité sont unes par leur différence, et celle-ci exprime ce que l'idée est en soi[1] (*was die Idee an sich ist*). La logique annonce d'une manière générale et abstraite la réalisation de l'idée, elle saisit Dieu dans son

---

1 L'on voit que l'absolu de Hegel est la substance de Spinoza.

éternité et dans sa généralité abstraite, c'est-à-dire tel qu'il est avant la création du monde.

Les évolutions dialectiques par lesquelles l'idée se réalise (par lesquelles Dieu arrive à la conscience de soi-même) se reproduisent dans toutes les formes concrètes. Ces évolutions s'opèrent de la manière suivante :

L'idée absolue s'individualise et devient différence de soi à soi (*die absolute Idee besondert sich zum Unterschied von sich selbst*). La différence (*der Unterschied*), l'individuel est mis en rapport avec une infinité d'autres individualités, mais aucune d'elles ne correspond au caractère de l'idée absolue, et la puissance infinie de celle-ci anéantit l'individuel. Cette première transformation de l'idée consiste dans le changement perpétuel de réalités individuelles et dans l'identité permanente de l'idée avec elle-même.

L'idée absolue se réalise dans chaque être particulier comme dans l'univers tout entier. Elle se développe d'une manière infinie dans une série d'oppositions avec elle-même. La nature est la réalité immédiate de l'idée, tandis que l'âme (*der Geist*) est le retour de l'idée à elle-même.

La nature est le produit de l'opposition de l'idée absolue avec elle-même (*der Abfall der absoluten Idee von sich selbst*). Elle n'est point une création effectuée par une intelligence qui a conscience d'elle-même, mais une contradiction dont Dieu cherche à l'affranchir. La nécessité, le hasard y dominent, et les traces d'intelligence que l'on observe dans la nature proviennent de l'idée qui parvient à se faire jour. La vie est le produit

le plus élevé de la nature; elle arrive au
sentiment de son originaire contradiction
et de son malheur dans la conscience que
les animaux ont de leur existence. Leur
vie est tacite, sombre et brisée; elle est
le sentiment que la nature a d'elle-même.

Il est de l'essence de l'âme de ramener
à l'unité les oppositions par lesquelles
l'idée se développe, à travers lesquelles
elle cherche l'expression de plus en plus
pure et vraie de sa nature absolue. Dieu
est l'âme; mais l'âme est dialectique, et ses
oppositions se résument dans les expressions d'intelligence subjectives et objec-
tives; l'idée de l'âme absolue achève cette
opposition dialectique.

L'univers, c'est-à-dire la nature et l'âme
sont Dieu, l'une et l'autre sont les évolutions par lesquelles Dieu arrive à la conscience de soi-même. Cette conscience est

obscure et trouble encore dans les phénomènes de la nature, pure et complète
dans l'âme absolue.

Dans la sphère intellectuelle se reproduisent encore les oppositions de l'idée
absolue et de ses réalisations. De toute
cette infinie variété d'individualités intellectuelles, il n'en est aucune qui soit
identique avec l'intelligence absolue, avec
l'*Idée;* cette opposition devient la cause
de leur perte, mais l'âme absolue, en
anéantissant les individualités intellectuelles, brise les limites qu'elle s'était données et s'élève de plus en plus à la connaissance d'elle-même.

L'histoire de l'univers est la réalité la
plus complète de cette évolution de l'Idée.
L'âme du monde (*der Weltgeist*) y dé-
ploie la plus riche variété de ses oppositions, elle y exerce sans relâche le jugement

suprême (*das Weltgericht*), en ramenant
ces oppositions à l'identité avec soi-même.

L'évolution de l'idée absolue dans la
forme logique s'achève dans la généralité de la pensée abstraite. L'évolution
de l'idée absolue dans l'âme est accomplie lorsque la nature générale et absolue
de celle-ci a pénétré l'individualité d'une
manière assez intime pour y trouver la
conscience d'elle-même. Alors la conscience
de l'individu se transforme en celle de
l'absolu, et l'individualité sait qu'elle est
une avec l'univers. Cette transformation
de l'*universel*, de l'*absolu*, opérée dans
l'*individuel*, s'est effectuée dans Jésus-
Christ. La révélation a appris à l'homme
qu'il est un avec Dieu; c'est là ce qui
distingue la révélation de tous les autres
dogmes.

L'histoire du monde est la réalité de

l'intelligence universelle (*Geistes-Universum*). La philosophie en est l'idéalité, elle ramène l'âme éternelle à elle-même; à travers toutes les oppositions du fini et de l'Éternel, de l'individuel et de l'absolu, l'âme est arrivée à la connaissance de sa liberté, elle en jouit; Dieu est devenu *âme personne*. L'universalité se trouve réalisée dans le concret, tandis que la logique n'en avait encore saisi que l'abstraite généralité.

L'univers, dans ses oppositions éternelles, dans l'infinité de ses formes, est pour ainsi dire l'acte générateur par lequel Dieu arrive à la conscience de lui-même; les formes qu'il développe dans la nature préludent à sa transformation en *âme*. Tous les degrés par lesquels l'idée absolue passe pour se réaliser dans le concret, ne sont que les actes préparatoires de cette genèse, et les intelligences finies qui apparaissent dans l'histoire, l'individualité d'une personne, d'une famille, d'une tribu, d'une nation tout entière, sont les phases transitoires des évolutions amenées par le travail de l'âme universelle (*des Weltgeistes*) pour arriver à la connaissance et à la réalisation de son essence.

Il est facile de déduire ce que devient l'idée du juste et de l'injuste dans ce système; le Droit comme l'histoire tout entière ne sont que des moments transitoires dans la genèse de l'absolu, et c'est dans ce sens que Hegel a pu dire : « *Tout* « *ce qui* existe *est rationnel, et tout ce* « *qui est rationnel* existe. » (*Alles was ist, ist vernünftig, und was vernünftig ist,* ist). Il n'est donc pas étonnant qu'on ait reproché à sa théorie de conduire au quiétisme politique, Dieu étant obligé de se contenter de ce qui est, par la raison qu'il n'a pas encore pu développer une forme plus homogène à son essence, il faut bien que nous nous en contentions également. Toutefois on pourrait objecter à cette critique que dans le sens du système, Dieu pensant en nous et Dieu se réalisant à travers toutes les oppositions, le progrès ne se trouve nullement exclu, quoiqu'il se présente dans un sens fort différent de celui qu'on attache ordinairement à cette expression.

L'organisme de l'État est la forme la plus réelle de l'intelligence absolue : il en résulte que les devoirs imposés à ses membres sont la véritable expression de toute moralité.

Nous ne suivrons pas plus loin les développements d'un système qui a trouvé des

sectaires et des ennemis également fana-
tiques. Il nous suffit d'en avoir indiqué les
idées fondamentales, d'en avoir démontré
le caractère hypothétique. Une profonde
poésie caractérise la théorie de Schelling :
une immense puissance dialectique se
révèle dans le système de Hegel, et ces
deux hommes, qui jeunes encore avaient
partagé à l'université de Tubingue le
même muséum, se sont partagé à l'âge
mûr le domaine intellectuel. L'un et
l'autre, dans une tendance opposée, tou-
chaient les limites extrêmes de la spéculation hypothétique.

Synthèse anthropologique du Droit.

En décomposant l'idée du droit, nous y trouvons le *rapport*, la *règle* qui le détermine, la *contrainte* qui le rend obligatoire. Chacun de ces éléments ayant sa racine dans la nature de l'homme, il fallait la décomposer à son tour à l'aide de l'analyse anthropologique. Un examen spécial nous a amené à déterminer l'action et les limites de chaque faculté, ainsi que sa relation avec les éléments constitutifs du droit.

Le *rapport*, disions-nous, c'est la matière même du droit, et comme telle, il ne se conçoit qu'entre l'homme et ses semblables ; car le rapport implique la faculté d'agir, c'est-à-dire la liberté d'action et la possibilité d'une règle morale ;

il ne comprend donc les choses que lorsqu'elles peuvent être considérées comme
dépendantes de l'existence humaine.

La sociabilité a été reconnue comme
la cause première du rapport, et nous
avons vu que l'état normal de l'homme
avait une base inébranlable dans les instincts sympathiques. La loi physique
fonde, mais elle ne règle point les rapports de l'homme. L'autonomie libre et
morale doit faire pour lui ce que la nécessité, la nature avaient fait pour les organisations inférieures. La question se posait
en de nouveaux termes : il fallait remonter
à la source de l'autonomie, afin d'y puiser
le principe qu'elle doit réaliser. A cet
effet le sentiment moral, le sens commun, l'entendement, furent successivement analysés. L'idée du juste fut reconnue l'essence du droit ; elle ne pouvait

se trouver en opposition avec l'action normale de ces facultés, et cependant elle n'était point leur produit. Nous touchions enfin aux derniers résultats que l'analyse peut fournir ; la liberté, l'intelligence furent reconnues comme les fondements de la loi morale. Mais dès lors les dangers de la méthode analytique ne tardèrent pas à se montrer.

L'idée du droit était décomposée dans ses éléments, mais aucun d'eux n'était à lui seul le droit. Nous avions trouvé le principe générateur de chacun d'eux ; mais non-seulement aucun de ces principes ne pouvait être considéré comme celui du droit, il fallait encore reconnaître que nul d'eux ne résumait d'une manière complète la nature de l'élément dont il exprimait le caractère essentiel.

L'instinct sympathique expliquait bien

la généralité. du rapport par la nécessité physique; mais la nature du rapport n'en restait pas moins indéterminée. L'essence de la règle se trouvait bien dans l'idée de *ce qui est juste*; mais la loi morale, pour se transformer en *ce qui est juste*, doit nécessairement descendre des hauteurs de l'abstraction et subir l'application à des rapports donnés.

L'intelligence à elle seule n'opère point la réalisation de *ce qui est juste*; il lui faut à cet effet le concours de toutes les autres facultés de l'homme. Enfin, la *contrainte* dépend de conditions fort compliquées; car pour être juridique, c'est-à-dire sociale, la société a dû se transformer dans l'État.

L'analyse nous conduisait ainsi à des résultats fragmentaires; l'unité organique du droit se perdait dans d'insuffisantes abstractions, et l'unité vivante de l'homme se décomposait dans la série de ses facultés. Le *rapport*, la *règle* et la *contrainte* agissent et réagissent les uns sur les autres : il en est de même des facultés de l'homme ; elles ne fonctionnent point les unes à côté des autres comme les rouages d'une machine ; leur action n'est point mécanique, mais vitale.

L'homme n'est *lui* que par l'ensemble organique de ses facultés ; il demeure lui-même, il reste un, indivisible au milieu de la *variété* et par la *variété*. L'idée de sa personnalité est le résultat le plus élevé de la synthèse anthropologique ; car elle est l'image vraie, complète et vivante de la réalité. L'analyse en a fourni des données (*disjecti membra poetæ*), mais il a fallu un acte intellectuel et générateur pour les unir et les animer. Il nous reste a tirer les conséquences de cette synthèse.

Le rapport juridique est le rapport d'une personnalité à une ou plusieurs autres personnalités. La loi fondamentale de la personnalité sera par conséquent le principe suprême du droit; ses éléments, son essence et sa forme, en un mot sa nature, doivent se développer de ce principe, comme la forme des êtres organisés se développe de leur germe.

La loi fondamentale de la personnalité est donnée avec son idée; nous la formulons ainsi : *le développement libre et complet de la personnalité.* Nier cette loi, c'est vouloir qu'une chose soit et ne soit pas.

La réalisation de cette loi est soumise à des conditions essentielles qu'il faut indiquer. L'unité organique des facultés ne peut avoir lieu qu'au moyen de leur subordination, de même que la santé du corps résulte de l'action normale des organes. L'action hiérarchique des facultés intellectuelles et morales sera la première condition du développement libre et complet de la personnalité. Le type de cette hiérarchie est un idéal, que l'âme conçoit et comprend en s'étudiant elle-même. L'examen analytique auquel nous avons soumis les facultés de l'homme, est suffisant pour en indiquer la hiérarchie. Il en résulte que les nécessités qui dérivent de l'organisation, que les penchants et les instincts qui s'y rattachent doivent être réglés par l'entendement ; mais l'utile, mais la prudence, n'étant eux-mêmes que des principes inférieurs et relatifs, il n'appartient qu'à l'intelligence de régler l'action commune de toutes les facultés, afin que l'homme puisse s'élever à la liberté morale.

L'état social étant l'état de nature de l'homme, il en résulte que sa personnalité ne se développe d'une manière libre et complète que par ses rapports avec d'autres personnalités. L'association sera donc la seconde condition de la loi fondamentale que la synthèse nous a fournie.

Le rapport entre des personnalités, dont chacune aurait réalisé en elle-même la loi fondamentale qui les régit ; cesserait d'être juridique, et l'association assise sur cette base ne serait plus l'*État* dans le sens actuel de ce mot. La contrainte et le gouvernement seraient des éléments inutiles, chacun ne voulant que ce qu'il doit vouloir, accorderait librement aux autres ce qu'il réclame pour soi ; tous les rapports étant ainsi fondés sur la liberté morale, l'autonomie individuelle suffirait pour les régler, et l'harmonie idéale des personnalités produirait l'harmonie idéale des rapports et de la personnalité de l'État.

Les rapports entre des personnalités dont aucune n'aurait réalisé la loi fondamentale qui doit les régir, se transformerait en une lutte incessante, l'hostilité des relations reproduirait l'image du désordre moral dans lequel sont plongées les personnalités. Cependant la société étant fondée par la nature, la forme nécessaire à l'existence humaine ne peut être brisée par suite de cette perturbation; d'un autre côté, l'autonomie individuelle étant impuissante pour la faire cesser, l'on se demande quelle sera la solution de cette contradiction élémentaire. La nature des choses l'indique. La cause de cette impuissance ne se trouve que dans l'intérêt et la passion de ceux qui sont engagés dans la lutte; or les autres membres de la tribu, du clan (peu importe le nom de la société élémentaire) ne partageant point les mauvais penchants qui naissent de l'opposition des intérêts personnels, ils prendront parti pour celui dont les prétentions leur paraîtront les plus justes, c'est-à-dire les plus conformes à la loi fondamentale de la personnalité, que chacun invoque en sa faveur sans toujours l'admettre pour les autres. L'homme a, du reste, un penchant naturel à s'intéresser au droit du plus faible; il arrivera que la majorité de la société, étant étrangère aux moyens qui provoquent le conflit, interposera sa volonté pour faire respecter dans l'individu lésé ce que chacun désire qu'on respecte en lui-même. L'intelligence et la volonté sociale suppléeront ainsi à l'impuissance de la volonté et de l'intelligence individuelles. L'autonomie sociale et juridique se substitue à l'autonomie individuelle et morale, et la *société* se transforme en *État*.

L'origine de l'autonomie sociale indique qu'elle ne s'étend pas à tous les rapports ; elle ne règle que ceux qu'elle a intérêt à régler, et ne s'attache qu'aux conditions essentielles à l'existence et au développement des personnalités réunies en société.

La nature des rapports dans lesquels la personnalité se trouve avec d'autres personnalités et avec les choses, explique aussi la nature de ces conditions. Il suffit de rappeler ces rapports et de les classer, pour y trouver le programme complet du Droit dans tous ses développements, ainsi que sa relation intime avec la loi fondamentale de la personnalité; il ne pourra plus rester de doute sur son principe générateur.

L'homme se trouve dans un rapport nécessaire avec les choses, il faut qu'il en use pour pouvoir exister, il faut qu'il les soumette à son empire pour se développer. Des conflits nombreux doivent résulter de ce rapport élémentaire, et comme ils sont de nature à compromettre tout à la fois l'existence individuelle et sociale, l'autonomie de la société a dû nécessairement y mettre un terme, en réglant le rapport fondamental entre l'homme et les choses. C'est l'origine de la propriété et de tous les droits qui s'y rattachent.

L'union de l'homme et de la femme est la base de la famille et, par cela même, de la société. Ce rapport élémentaire ne pouvait être de sa nature ni temporaire ni purement physique. Les soins qu'exige l'enfance prolongée de l'homme lui assignent plus de durée que chez les animaux. L'habitude et le besoin d'affections vraies et durables devaient d'ailleurs rendre ces liens indissolubles. L'homme et la femme, ces êtres si semblables et si différents tout à la fois, ne complètent réciproquement leur existence que par l'union la plus intime et la plus durable. C'est la volonté du Créateur; elle se révèle par leur organisation respective : la force physique, la puissance intellectuelle, l'énergie de la volonté, sont échues en partage à l'homme; la beauté, la grâce et la pudeur, une puissance d'affection et de dévouement presque infinie, forment la dot de la femme; c'est par la mise en commun de leurs qualités et de leur vie, que chacun, dans la sphère d'action qui lui est propre, accomplit sa destinée. La nature morale de l'homme et de la femme imprime à leur union un caractère éthique, qui devient plus pur à mesure qu'ils se montrent plus dignes de leurs hautes destinées, tandis que les enfants issus de leur communauté deviennent pour eux un lien indissoluble. Cependant des passions violentes et désordonnées ne pouvaient manquer de troubler ce rapport élémentaire, et les penchants sensuels et vicieux ont dû le dénaturer, le souiller. La famille, l'origine et le fondement de l'état social, n'a dû que trop souvent être exposée à des perturbations, dont les conséquences graves exigeaient l'intervention de l'autonomie sociale. Il y avait nécessité de régler le mariage, de déterminer les droits

et les obligations qui naissent de ce rapport, et si l'intelligence et la volonté de
la société l'ont entouré de tant de garanties et de solennités, elles n'ont fait que
rendre hommage à sa haute importance,
nous dirons même à sa sainteté.

La constitution juridique de la famille
fut une conséquence de la sanction du
mariage, et toutes les questions d'État
se rattachent plus ou moins directement
au rapport élémentaire que nous venons
d'indiquer.

La liberté de l'homme détermine la
possibilité de ses engagements envers ses
semblables, les relations sociales les rendent inévitables, et l'autonomie individuelle sanctionne les conventions formées
par le consentement libre et réfléchi des
parties contractantes, en tant que leur
objet n'est point en opposition avec la

loi morale. Nous avons dit les causes qui rendent cette sanction insuffisante. Ce nouveau rapport forme une condition non moins essentielle de l'existence et du développement de la personnalité, et dès lors la société a dû en déterminer les conditions et les effets.

Les trois rapports fondamentaux que nous venons d'indiquer sont entre eux dans une intime relation; il est rare de les trouver isolés l'un de l'autre; plus souvent ils se touchent, se combinent et produisent ainsi la variété des rapports juridiques, dont l'ensemble constitue le Droit civil.

Les rapports de la personnalité ne sont pas tous renfermés dans ces limites. Il est d'autres conditions de développement non moins essentielles et qui se rattachent aux besoins les plus intimes de notre nature morale. *L'homme ne se nourrit pas seulement de pain matériel.* La religion rattache son existence à celle de Dieu. La foi et l'espérance établissent entre l'homme et son Dieu des rapports dont l'expression sociale et visible se résume dans la tradition, le dogme, le culte et l'Église. L'autonomie sociale a dû les régler en tant qu'ils exercent de l'influence sur les rapports des personnalités entre elles ou sur la société.

Les forces qui agissent sur l'homme individuel agissent également sur la société; celle-ci est pour ainsi dire l'homme complet, le type et le produit de sa personnalité; elle est soumise à la même loi fondamentale, exposée aux mêmes perturbations. La société, considérée comme une personnalité, s'appelle l'État (*respublica*).

L'État croît et se développe par une force organique aussi indéfinissable que le principe vital; ce n'est ni une abstraction ni le produit arbitraire de la volonté et de l'intelligence individuelles; l'on ne peut en saisir la nature qu'en la comparant à celle de l'homme. L'État est l'expression morale et personnifiée de la société, le produit organique de toutes ses facultés et de toutes ses forces, la réalisation de la volonté sociale sous la direction d'un gouvernement, en un mot, l'expression la plus vraie, la plus complète de son développement.

Le Droit est le produit de la nature, de l'histoire et de la liberté morale. Il en est de même de l'État; la famille, la société en forment la base, l'une et l'autre émanent de la nature. La société, pour se transformer en État, a dû cesser d'être une agglomération d'individus. La communauté d'origine, de langage, de traditions, de mœurs, de religion, etc., ont fourni les éléments historiques de l'association; mais ces éléments ne s'unissent dans la personnalité sociale que lorsque la société est devenue une association par la reconnaissance successive et pour ainsi dire historique de la volonté commune. L'idée d'une association implique celle de la liberté, et cet élément se trouve dans l'assentiment donné aux règles obligatoires que la volonté sociale a sanctionnées. *Consensus omnium pro salute omnium.* L'essence de cet assentiment consiste dans la reconnaissance historique des conditions essentielles à l'existence et au développement de l'État comme association libre, morale et pacifique.

L'on voit que le consentement dont

nous parlons ne forme ni un contrat primitif ou social, ni un contrat immuable
liant à jamais tous ceux qui n'y ont
point participé. Ce contrat se renouvelle
et se modifie; son caractère est essentiellement historique, et ses transformations
successives suivent le développement des
personnalités.

Ce contrat s'exécute par le moyen des
institutions, qui garantissent les conditions essentielles à l'existence et au développement de l'individu et de la société.
Il arrive ainsi que le progrès de ce développement entraîne de nouveaux besoins
et de nouveaux rapports, et la nécessité
d'organes de plus en plus parfaits, à
l'aide desquels la volonté sociale puisse
exercer une action ferme et régulière,
et soumettre à son empire toutes les volontés individuelles.

La personnalité de l'individu se trouve ainsi dans de nouvelles relations avec la personnalité de l'État, tandis que les volontés dont l'union organique constitue celle-ci, donnent lieu à des conflits dont il a fallu prévenir les dangers. L'ensemble des règles admises dans ce double but, constitue le Droit public et administratif.

La société sanctionne les rapports qui lui paraissent nécessaires à l'existence et au développement de la personnalité de l'individu et de l'État; la règle qui les détermine est donc obligatoire pour les membres de la société et pour ceux qui s'y trouvent accidentellement; et la contrainte, ce troisième élément du Droit, est une conséquence non moins directe de la loi fondamentale de la personnalité.

Le Droit pénal est l'expression la plus forte de la contrainte, car il renferme la sanction la plus énergique des divers rapports essentiels à l'existence et au développement de la personnalité. La peine est proportionnée à l'importance des droits attaqués, et sa nature est en rapport avec le développement de la personnalité individuelle et sociale; elle est légitime, parce que l'intelligence et la volonté sociales en ont reconnu la nécessité. La répression est le premier but de toute pénalité, la moralisation de l'individu puni, un but accessoire qui complète le système pénitentiaire.

Enfin, la personnalité de l'État se trouve en rapport avec celle d'autres États. Il faudrait une autonomie supérieure à chacune de ces personnalités collectives pour rendre juridiques leurs rapports respectifs. Le Droit des gens n'existe encore que dans ses premiers éléments.

Le développement du Droit suit nécessairement celui de la personnalité; les rapports élémentaires se combinent et se compliquent par la réalisation même de la loi fondamentale qui les domine. Les questions qui se rattachent à la propriété, à l'état des personnes, à leurs engagements, sont d'une grande simplicité dans les sociétés naissantes; il en est de même de leur organisme gouvernemental, administratif et judiciaire.

Cette apparente simplicité renferme le germe d'un développement infini; des influences historiques, morales et religieuses le fécondent, ses racines s'étendent fort avant dans le passé, et c'est en attirant à lui tous les sucs nourriciers, en s'assimilant tous les éléments utiles, contenus dans la société, que le Droit et l'État grandissent dans des proportions étonnantes et se posent comme le produit éminemment historique et social d'une intelligence et d'une volonté fort supérieures à l'intelligence et à la volonté individuelles.